信息技术应用能力提升实践指导丛书

U0652724

总主编　宋海英　郑世忠

混合学习环境能力点
深度解析

任国权　刘　明　主编　贾洪湘　副主编

HUNHE XUEXI
HUANJING NENGLIDIAN
SHENDU JIEXI

东北师范大学出版社
NORTHEAST NORMAL UNIVERSITY PRESS
·长春·

图书在版编目（CIP）数据

混合学习环境能力点深度解析／任国权，刘明主编.
—长春：东北师范大学出版社，2021.7
（信息技术应用能力提升实践指导丛书／宋海英，
郑世忠主编）
ISBN 978 - 7 - 5681 - 8227 - 0

Ⅰ.①混… Ⅱ.①任… ②刘… Ⅲ.①信息技术－应
用－教学研究－中小学 Ⅳ.①G632.0－39

中国版本图书馆 CIP 数据核字（2021）第 142914 号

□责任编辑：汪　明 □封面设计：方　圆
□责任校对：刘晓军 □责任印制：许　冰

东北师范大学出版社出版发行
长春净月经济开发区金宝街 118 号（邮政编码：130117）
电话：0431—85690289
网址：http：//www.nenup.com
东北师范大学音像出版社制版
辽宁新华印务有限公司印装
沈阳市张士经济技术开发区
中央大街六号路 14 甲－3 号（邮政编码：110021）
2021 年 7 月第 1 版　2021 年 7 月第 1 次印刷
幅面尺寸：169mm×239mm　印张：15.25　字数：185 千

定价：46.00 元

　　随着信息技术的发展，"智慧校园""数字学校"等新词汇不断涌现，这些词汇显现了当今学校有别于过去学校的特征。在信息资讯日益发达的今天，社会进入人工智能时代，物联网、云计算、大数据和人工智能等技术的运用将对教育教学产生深刻影响，信息技术发展所带来的慕课、微课、翻转课堂等教学方式不断丰富着学校教育教学的内涵，这就需要我们从另外一个视角重新思考改进原有的学校运行与管理方式、教师教学方式和学生的学习方式。"教师与学生、教育教学内容、教育或教学内容的物化形式以及其他辅助条件是教育活动的三个基本要素。"① 三者之间相互作用，演绎出丰富多彩的教学样态。不同历史阶段，三个基本要素的内涵也在发生着不同程度的变化，学校教育教学的内容与形式也随之发生变化。

　　从信息技术发展的历史视角来看，"学校的产生与文字的产生有着直接的密切联系"②。纸和墨的发明为活字印刷术的诞生奠定了物质基础。"印刷机出现一百多年以后，以'班级授课制'为核心的现代学校制度正式确立。"③ 文字的出现与印刷技术的发展，使得教学内容得以物化并广泛传播，物化教学内容的出现改变了前文字时代言传身教的教学方式。由于幻灯、电影、广播

---

① 周润智. 教育关系：学校场域的要素、关系与结构 [J]. 教育研究，2004 (11)：15-19.
② 任钟印. 关于人类最早的学校产生于何时何地的一点思考 [J]. 教育研究与实验，1985 (4).
③ 郭文革. 教育的"技术"发展史 [J]. 北京大学教育评论，2011 (07)：137-157.

和电视等电子产品的出现，纸张作为知识唯一载体的格局被打破……当今时代，教育教学内容的物化形式日趋多元，电子书包、电子课本、微课、慕课等新型数字化教学内容物不断出现；互联网接入每一所学校、每一个班级，各种信息终端设备日益普及，信息交流更加便捷……"学校将突破校园的界限，任何可以实现高质量学习的地方都是学校。"[1] 今天的课堂"同时并存着多个传播子系统，学生'身'的出现，已经不能保证'教与学'真的发生了"[2]。教学内容的物化形式及教学辅助条件的变化，对教师的教学方式，学生的学习方式以及师生之间、生生之间的交流方式产生革命性的影响，学校教育教学范式转型也成为必然。这就需要教研员、学校管理者以及教师等教育者及时转变研究问题和解决问题的视角，而不是采用"固有的""既定的""不变的"经验来开展新时期学校的教育教学。

学校的管理方式、教师的教学方式与学生的学习方式如何重构？这是时代发展给每一位教育工作者提出的崭新命题。幸运的是，2019 年，教育部颁布了《关于实施全国中小学教师信息技术应用能力提升工程 2.0 的意见》（〔教师 2019〕1 号）（以下简称"提升工程 2.0"），为范式转型提供了文件支持，并提出了实现范式转型的路径和指南。提升工程 2.0 的内涵十分丰富，明确提出"构建以校为本、基于课堂、应用驱动、注重创新、精准测评的教师信息素养发展新机制"的清晰路径，点明"整校推进服务教育教学改革"的文件主旨。

党的十八大以来，党中央国务院有关学校教育教学改革的文件密集出台，《中共中央国务院关于深化教育教学改革全面提高义务教育质量的意见》明确提出"融合运用传统与现代技术手段，重视情境教学；探索基于学科的课程综合化教学，开展研究型、项目化、合作式学习。精准分析学情，重视差异

---

[1] 曹培杰. 未来学校的变革路径："互联网＋教育"的定位与持续发展 [J]. 教育研究，2016（10）：46-51.

[2] 郭文革. 教育的"技术"发展史 [J]. 北京大学教育评论，2011（07）：137-157.

化教学和个别化指导"，对学校教育教学提出了更高的要求；"创新人才培养方式，推行启发式、探究式、参与式、合作式等教学方式以及走班制、选课制等教学组织模式，培养学生创新精神与实践能力"。《中国教育现代化 2035》更为我们描绘了应然的教育教学路径。这就需要对传统学校的运行方式、课堂教学方式进行深刻的反思，以现代学习理论为指导，利用认知诊断、数据挖掘、学习分析等新的技术来改进教与学，探索新的课堂教学模式与学校教育教学管理方式，破解传统教学中难以解决的问题。新范式的建立，必然涉及学校制度完善、教学模式重建、校本研修深化以及教师信息化教学能力提升等诸多要素。

当前，有关信息化教学方面的理论著述很多，但是在实践层面能够指导学校开展信息时代的教育教学、指导教师开展信息化教学方面的用书较少。为解决"教育信息化最后一公里"的问题，众多学者做出了巨大的努力，贡献了大量的专业智慧。华东师范大学开放教育学院闫寒冰、魏非等学者提出"能力点"概念并制定了相应的标准，为开启以"能力点"为载体的提升工程 2.0 岗位培训提供了基础和保障。

在此背景下，我们依托提升工程 2.0 项目，依据吉林省信息化教学实践，汇聚了全省信息化教学各方面的专家学者以及近百名各学科信息化教学骨干教师的专业智慧，围绕信息化背景下教学模式构建、能力点解析、校本研修、教学改革、学校建设、课堂教学等关键点，编写了《信息技术应用能力提升与现代学校建设》《信息技术应用能力提升与学习方式变革》《信息技术应用能力提升与校本研修》《多媒体教学环境能力点深度解析》《混合学习环境能力点深度解析》《智慧教学环境能力点深度解析》这套丛书，以实践者的视角分别从学校运行机制、课堂教学等层面，用案例的方式加以阐释，以便读者更好地把握和理解。

新时代，智能化、信息化正在悄然改变着学校的运行方式、教师的教学方式和学生的学习方式，"学校革命""课堂革命"全速推进。新的时代赋予教育新的使命，也为学校教育信息化发展带来新挑战、新机遇。期待广大学校管理者、一线教师和研究工作者积极投入信息化教学变革大潮，共同开展信息化教育教学新实践，为构建信息化背景下的新型人才培养模式和教学方式而努力！

宋海英

2021 年 7 月

习近平总书记强调"没有信息化就没有现代化"。以教育信息化支撑引领教育现代化发展，必须坚持信息技术与教育教学深度融合的核心理念，而推进融合的主体是教师，推进融合的重点是理念更新，推进融合的途径是技术应用。

教育部发布的《关于实施全国中小学教师信息技术应用能力提升工程2.0的意见》及校本应用考核相关文件提倡教师以微能力点在教学中的应用为驱动力进行校本研修和实践，从而提升教师的信息化教学能力，提升信息素养，促进信息技术与学科教学融合创新发展，包括教师利用信息技术进行学情分析、教学设计、学法指导和学业评价等30项微能力，分别适用于多媒体教学环境、混合学习环境、智慧学习环境。

混合学习环境的提出来源于混合学习，混合学习是线上和线下相结合的新的学习方式，它是把传统学习方式的优势和网络化学习的优势结合起来，既要发挥教师引导、启发、监控教学过程的主导作用，又要充分体现学生作为学习过程主体的主动性、积极性与创造性，体现学生利用资源学习的高效率以及独立学习的能力。

混合学习应在"适当的"时间，将"适当的"技术与"适当的"学习风格相契合，对"适当的"学习者传递"适当的"能力，从而达到最佳的学习效果。

目前国内较为流行的翻转课堂就是混合学习的一种模式。混合学习环境就是这种将面授教学与技术中介的教学相互结合而形成的学习环境，它的主要特征是学生有设备，以学生的"学"为中心，支持学生集体学。

根据混合学习环境的特点，教师在组织教学时，除了要具备多媒体教学环境下信息技术应用能力以外，还要特殊掌握一些支撑学生线上和线下混合学习的相关技能，如微课程设计与制作、组织探究型学习活动、学习小组组织与管理、自评与互评活动等。

全书内容分为五章，分别为混合学习环境下的教学模式、混合学习环境下的学情分析、混合学习环境下的教学设计、混合学习环境下的学法指导、混合学习环境下的学业评价。

本书精选了5种教学模式，即翻转课堂学习模式、合作式学习模式、探究式学习模式、双师学习模式、主动参与式学习模式。

本书编写体例固定，基本由案例启思、问题剖析、解决策略、样例展示、样例评析五个部分组成。本书主要从问题出发，利用现代技术解决混合学习环境下教学中的实际问题，层层深入，将信息时代互联网的优势融入传统教学实践中，从而优化教学设计，丰富学习资源和学习路径，促进教学组织方式重构和教学方法创新，也为教师信息技术应用能力提升工程的落地提供有效的指导。书中精选了大量教学案例，从实践层面出发，着力提升师生信息素养，利用信息技术调动学生学习的动力，提高学生的自主学习能力，为教学改革注入新的活力，供广大教师在学习过程中参考。

《混合学习环境能力点深度解析》由任国权、刘明主编，贾洪湘为副主编，安娜、任小雁、张敏、刘柏、高丽丽、杨卉、陈晓仲怡、黄鹤、张秀玲、李军、王金福、朱瑞晶、薛杨、高蕊、王乙旭等参与了编写工作。本书在撰写过程中得到了许多专家的指导和学校同行的帮助。长春市树勋小学为本书提供了丰富的实践案例，东北师范大学出版社为本书出版提供了大力支持，在此一并表示感谢！本书在撰写过程中参考和借鉴了许多专家学者的研究成果，引用了国内外多方面的案例资料，在此一并表示感谢！

　　本书成稿后，作者邀请了多位教育理论专家、培训专家对书稿进行了仔细的审读，他们都提出了非常中肯的意见，在此深表谢意。由于我们在理论认识和实践水平上的局限，书中还有很多缺憾和疏漏，恳请广大读者指正。

编　者

2021 年 5 月 30 日

第一章
混合学习环境下的教学模式

开 篇 小 语

    混合学习环境下的教学模式是融入了现代教学思想的新型教学模式,与传统教学模式相比,混合学习环境下的教学模式致力于实现"以教师为中心"转向"以学生为中心"的教学结构的变革。其理论基础主要是建构主义学习理论,即强调学习者自主学习,强调学习经验、学习资源和情境创设对学习者意义建构的重要作用,强调协作对学习者能力培养的重要意义。

    混合环境下的学习模式既有传统教学模式的一般特征,也有个性化特征和创新性特征。混合环境下的学习模式特别强调学生是学习的中心,使其从被动接受知识转变为主动建构,创造学习,而教师则从知识的传授者转变为学习活动的设计者、组织者、合作者和指导者。课程内容也由单一封闭、有限资源转变为多元开放、共享资源。混合学习环境下典型的教学特点是集体学,学习模式常见的有翻转课堂学习模式、合作式学习模式、探究式学习模式、双师学习模式、主动参与式学习模式等。

第一节　混合学习环境的特点

　　混合学习环境是一种将面授教学与技术中介的教学相互结合而形成的学习环境，即将线下课堂教学和线上自主学习混合在一起。更深层次来讲，它是包括了基于不同教学理论（如建构主义、行为主义和认知主义）的教学模式的混合，是教师主导活动和学生主体参与的混合，是课堂教学与在线学习不同学习环境的混合，是不同教学媒体的混合，是课堂讲授与虚拟教室或虚拟社区的混合。

　　关于混合学习（Blended Learning），国际上有很多种定义，美国印第安纳大学的柯蒂斯·邦克教授在他编著的《混合学习手册》中对混合学习给出了如下定义：混合学习是面对面学习和计算机辅助在线学习的结合。

　　可以理解为：

混合学习＝面对面学习＋在线学习

　　北京师范大学何克抗教授指出：所谓 Blended Learning 就是要把传统学习方式的优势和 E-Learning（即数字化或网络化学习）的优势结合起来，也就是说，既要发挥教师引导、启发、监控教学过程的主导作用，又要体现学生作为学习过程主体的主动性、积极性与创造性。

表 1　面对面学习与在线学习的优缺点对比

	面对面学习	在线学习
缺点	对学生个体关注不够，个性化学习较难开展	缺乏支持、引导与监控
优点	教师主导、引导、启发、监控	高效率、优质资源、自定步调、强调自学

从本质上来讲，混合学习是一种新型的学习方式或学习理念，只有将传统面对面学习与网络化在线学习相结合，使二者优势互补，才能获得最佳的学习效果，才能克服原有两种学习方式的局限。

混合学习具有五个要素：

学生中心：从教师主导教学转向以学生为中心的教学，使学生成为活跃的、互动的学习者。

多维交互：学生与教师、学生与学生、学生与内容以及学生与外部资源之间的交流、交互更为丰富。

技术设备：实现了在线学习，在恰当的时间为学生适配恰当的学习内容。

图 1　混合学习的
五个要素

学习评估：为学生和教师整合形成性和总结性评估机制。

自定步调：学生可以自我控制学习节奏、制订学习计划。

混合学习环境从支持教师的"集体教"逐步转向了支持学生的"集体学"，重点支持开展集体学习。混合学习环境包括计算机网络教室、移动学习环境、家校结合学习环境等。

图 2　计算机机房　　　　　　　　　　图 3　电脑

图4　多媒体环境＋小组平板电脑

图5　学校多媒体环境＋在家里用电脑

在混合学习环境中，教师负责教学流程的设计与组织，利用信息技术支持学生开展交流合作、探究建构、自主学习等学习活动，学生可以自主操作设备获得外部资源或与同学交流，有机会参与活动设计与评价。

第二节　翻转课堂学习模式

案例启思

在王老师的班级中，每个学生的学习能力、学习习惯、自我约束能力是不一样的，总有学习主动的学生，当然也不乏学习困难、厌学的学生。随着年级的升高，最近王老师发现，课堂上"好学生吃不饱，'差'学生吃不了"的现象越来越明显。自控能力差、上课爱开小差、说话、捣乱、打瞌睡的学生成绩十分不理想，于是，王老师找到这些学困生询问原因。针对这些同学反映的"讲太快、没听懂""溜号了、不会做""没复习、记不住"等情况，王老师便利用课下时间为这些同学补习。但是，一方面，王老师不可能总有那么多充裕的时间及时给学生补课；另一方面，学困生的家长虽想辅导自己的孩子却苦于不能了解课堂要点，也有限于文化水平而辅导不了。久而久之，王老师所任教的班级里学得快与学得慢的同学差距越拉越大。

问题剖析

从案例中可以看出，王老师面对班级中学习能力参差不齐的学生，如果坚持用同一种方式进行教学，学习能力强的学生自然就容易习得新知识，但得不到进一步的提升；而理解力弱的学生，在同样的条件下，他们所获得的知识量要少很多。长此以往，就会形成两极分化现象，这将严重影响学生学习的积极性。

很多时候，我们的教学方式都是"老师先教，学生再学"，而普遍存在的问题是教师的教学进度都是提前预设好的，不可能因为课堂上某几个学生没有学会或不认真听讲而停滞不前，教师更不可能给学困生重复讲解几遍，也没有时间专门去照顾这些同学。面对这样的教学窘境，剖析根源，症结何在？

一、教师归因分析

教师作为教学的一个要素，对教学效果起着重要的作用。教师的教学技能包括教学设计、课堂教学、作业批改和课后辅导、教学评价、教学研究等五个方面，这五个方面直接影响着班级中所有学生的学习效果。教师在教学过程中，面对的是全体学生，教学的目的也是要提高整体的教学效果，很难兼顾到每个学生，实施有针对性的教学。有的教师进行教学设计时，关注的是学习成绩中等的大部分学生；有的教师课堂教学时经常提问学习成绩好的学生；有的教师作业批改一视同仁；有的教师课后辅导更多的是优等生。

很显然，教学必须因材施教，所谓因材施教就是教师要了解学生的学习情况，了解他们的优势和劣势，根据不同学习情况指导他们的学习，否则就不会成功。

二、学生归因分析

学生学习的好坏受教师传播技巧、学生的学习态度、学生的知识水平、社会及文化背景四个方面的影响。因学生个体的差异，不同的学生在相同的时间里学习相同的知识，效果却是不一样的。有的学生在一节课的时间里能够学会教师所讲授的知识，而有的学生在一节课的时间里没有学会教师所讲授的知识，他们需要更多的学习时间才能学会。有些学生是学习态度、学习习惯较差，上课溜号；有些学生虽然学习态度好，也付出了一些努力去学习，但是由于学习方法、原有知识水平和社会及文化背景的原因，导致学不会或者学不好。另外，当前中国的大班教学现状、家长助学角色的缺失等也是学生学习有差异的重要原因。

三、教学内容归因分析

教学内容的呈现方式、时间分配、结构安排也影响着学生的学习。教学内容是学生学习的对象，教师需要组织好教学内容的要素，进行好教学内容的处理，安排好教学内容的结构，选择好呈现教学内容的方式。教学内容的构建不仅能够提高学生学习的兴趣，还能减轻学生认知的负担，对促进学生的学习具有一定的作用。

解决策略

面对班级中学习能力参差不齐的学生，先教后学不能满足学生的个性化学习与发展，我们必须探索出一条更适合学生发展的新路径。而翻转课堂提倡"学生先学，老师再教"，这就变成了学生主动学、主动问的模式。在教学过程中，教师鼓励学生尽量自己获取知识、发现问题。课前，学生通过视频自学（预习）；课堂上，学生再将预习中不懂或者感兴趣的问题，以探究的形式与教师、同学一起讨论解决。教师围绕教学目标，直奔主题。教师可直接展示相关问题的发生、发展以及相互关系，鼓励学生自己进行归纳整理。对于学生不懂的问题，教师一般先让学生在课堂上讨论一会儿，然后再进行适当的点拨、解答、补充或者延伸。如此一来，教师就能很有针对性地对学生进行辅导，而不再是以前的"一刀切"模式。

一、重新定位师生角色

在传统的课堂教学中，教师是课堂的主宰者、教学内容的传授者，学生被动地按照教师的思维逻辑接受、理解学习内容。从效果上来说，学生似乎在较短的时间内较顺利地理解了知识的意义，但这种教学模式限制了学生主观能动性和个性化思维的发展，久而久之，将不利于学生创新精神和实践能力的培养。而在翻转课堂中，学生是主角。

翻转课堂使学生成为学习过程的中心。知识的传授通过信息技术辅助在课后完成，学生成为自定步调的学习者，他们可以自己选择学习时间、学习地点，可以控制学习内容、学习量，而知识的内化则在课堂中经老师的帮助与同学的协助完成。学生需要在实际的参与活动中根据学习内容反复地与同学、教师进行交互，通过完成真实任务来扩展和创造深度的知识。可见，翻转课堂是有活力的并且是需要学生高度参与的课堂。

此外，在技术支持下的协作学习环境中，翻转课堂增加了师生、生生互动的时间，使学生可以自控式地深度学习，满足学习需求，获得个性化的体验。

二、重新分配课堂时间

"由粗疏的学习到精密的学习"是一个比较漫长的过程，在有限的课堂中，教师既要讲新课，又要做练习；既要有探究发现的经历，又要有方法的总结和梳理。短短 40 分钟，谈何容易？而翻转课堂使之成为可能。

充足的时间与高效率的学习是提高学习成绩的关键因素。翻转课堂通过将"预习时间"最大化来完成对教与学时间的延长。这样课上教师的讲授时间减少，留给学生学习活动的时间增多。其关键之处在于教师需要认真考虑如何来完成"课堂时间"的高效化，将原先课堂讲授的内容转移到课下，在不减少基本知识展示量的基础上，增强课堂中学生的交互协作活动。最终，该转变将提高学生对于知识的理解程度。此外，当教师进行基于绩效的评价时，课堂中的交互性就会变得更加有效。根据教师的评价反馈，学生将更加客观地了解自己的学习情况，更好地控制自己的学习。

三、重构教学内容

翻转课堂不应是简单地将课堂授课内容移到课堂之外，而是要对传统课堂做一个全新的设计，包括以下几个方面：

教学内容上，教师要进行全面取舍，哪些内容可以让学生在课外学习，哪些内容需要在课内适当讲解，哪些内容需要在课堂上重点关注。

教学方法上，教师在课堂上要使用项目式、研究式教学方式，把学生组织成若干个小组，以任务为引导，培养学生的实践能力和团队协作能力。

教学设计上，课前，学生先要观看教学视频，然后要进行有导向性的练习；课中，学生先要快速完成少量的测验，接下来通过解决问题来完成知识的内化；最后，学生要进行总结和反馈。

四、翻转课堂学习模式

翻转课堂学习模式属于混合学习环境中的一种模式，主要由课前预习、课中学习和课后复习组成。在这三个过程中，信息技术和学习活动是翻转课堂学习环境创设的两个有力杠杆。信息技术的支持和学习活动的顺利开展保证了个性化协作学习环境的构建与生成。推荐教师掌握的信息技术应用微能力点有：A2 数字教育资源获取与评价、A13 数据可视化呈现与解读、B1 技术支持的测验与练习、B2 微课程设计与制作、B5 学习小组组织与管理、B6 技术支持的展示交流、C5 基于数据的个别化指导。翻转课堂教学流程如图 6 所示。

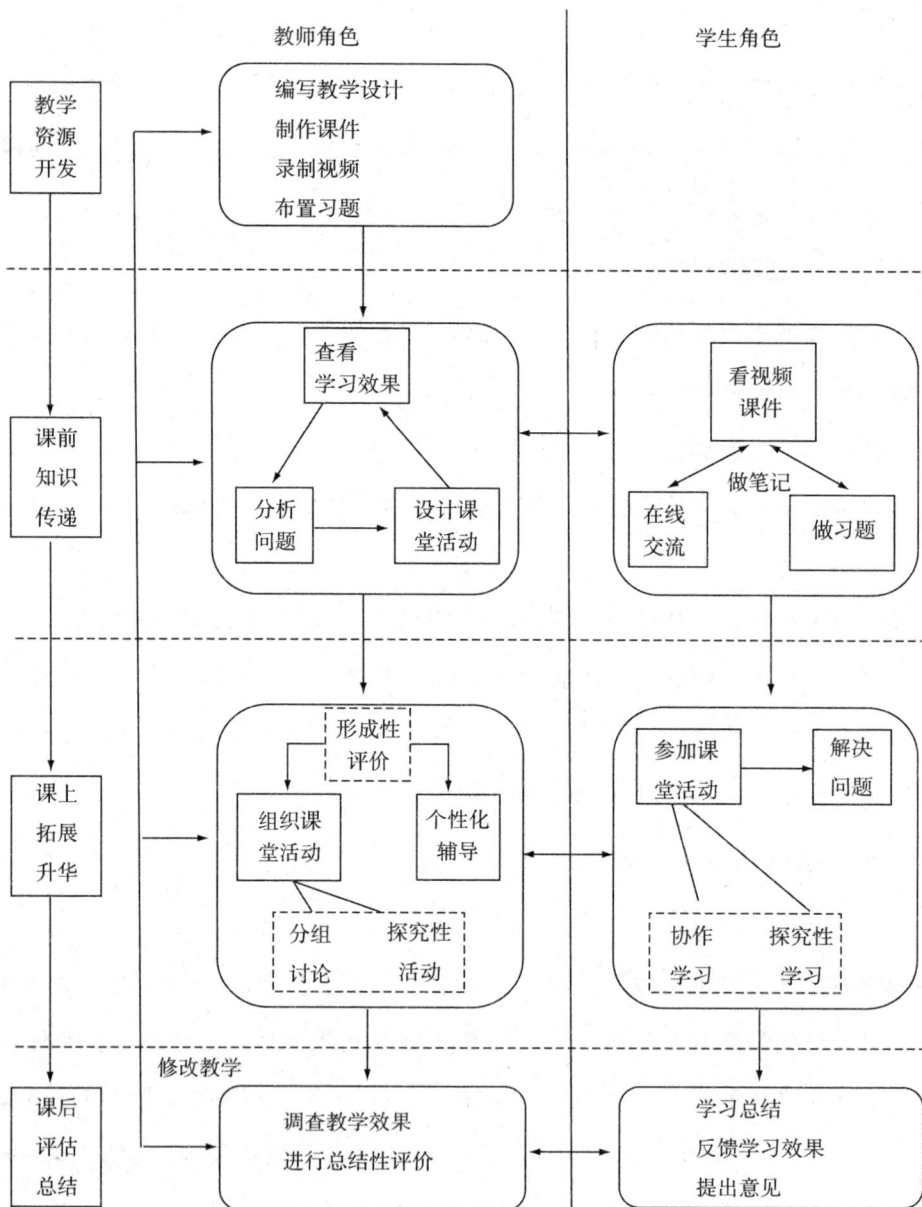

教师角色　　　　　　　　　　　学生角色

```
┌─────┐          ┌─────────────────┐
│教学 │          │  编写教学设计    │
│资源 │───────→ │  制作课件        │
│开发 │          │  录制视频        │
└─────┘          │  布置习题        │
                 └─────────────────┘
```

```
┌─────┐     ┌──────────────────────┐      ┌──────────────────────┐
│课前 │     │      查看              │      │       看视频          │
│知识 │───→ │      学习效果          │←──→ │       课件            │
│传递 │     │    ↗        ↖          │      │     ↙  做笔记  ↘      │
└─────┘     │  分析      设计课      │      │  在线          做习题  │
            │  问题  →  堂活动       │      │  交流                  │
            └──────────────────────┘      └──────────────────────┘
```

```
┌─────┐     ┌──────────────────────┐      ┌──────────────────────┐
│课上 │     │    ┌─形成性─┐          │      │ 参加课    →  解决      │
│拓展 │───→ │    │ 评价   │          │      │ 堂活动       问题      │
│升华 │     │  组织课   个性化       │←──→ │                        │
└─────┘     │  堂活动   辅导         │      │  ┌协作    探究性┐      │
            │  ┌分组  探究性┐        │      │  │学习    学习  │      │
            │  │讨论  活动  │        │      │  └─────────────┘      │
            └──────────────────────┘      └──────────────────────┘
```

修改教学

```
┌─────┐     ┌──────────────────────┐      ┌──────────────────────┐
│课后 │     │   调查教学效果         │      │   学习总结            │
│评估 │     │   进行总结性评价       │←──→ │   反馈学习效果        │
│总结 │     └──────────────────────┘      │   提出意见            │
└─────┘                                    └──────────────────────┘
```

图 6　教学流程

（一）课前

在课前，教师应用信息技术中的教学设计思想及先进的网络教学设备来创建适合学生个性化需求的简短教学视频，为学生在遇到疑惑时互相交流提供网络社交媒体，学生在课上利用信息技术的一些先进设备展示成果并交流。翻转课堂可为学生在课堂内外进行讨论交流等各种学习活动提供机会。

1. 提供素材

在翻转课堂中，知识的传授一般由教师提供的适合学生个性化需求的简短的教学微课程来完成。课程主讲教师可以亲自录制微课程，也可以使用网络上优秀的开放教育资源，以帮助学生解决问题或制订学习目标。

2. 发送自主学习任务单、诊断性检测题等

学生在阅览完微课程之后，应对微课中的收获和疑问进行记录。同时，学生要完成教师布置的有针对性的课前练习，以加强对学习内容的巩固并发现自己的疑难之处。

诊断性检测在教学中有积极作用。首先，对于学生来说，反馈能够及时加强学生的学习动机，对学习效果有显著的积极作用。通过测验，学生能及时了解自己的学习情况，改进自己的学习策略。另外，反馈也能让学生了解自己的学习结果，以便在课堂中更好地交流。其次，对于教师来说，结合线上、线下的学生前测，能及时了解学生的学习情况，对某些学生不容易理解的知识点也能够快速地掌握，以便在课堂教学中有的放矢。

3. 选择适合的互动平台

前测平台既利于师生、生生互动，又便于教师掌握学情。

（二）课中

简而言之，翻转课堂最大的优势在于实现高效课堂，将学生的学习成果最大化。翻转课堂可在开展课前学习的基础上，不断延长课堂学习时间，通

过课堂活动设计完成知识内化的最大化。

1. 因地制宜，确定问题

教师需要根据课前学生提出的疑问，总结出一些有探究价值的问题。学生根据理解与兴趣选择相应的探究题目。在此过程中，教师应该有针对性地指导学生选择题目，根据所选问题对学生进行分组，其中，选择同一个问题者将组成一个小组，小组规模控制在 5 人以内效果更佳。然后，小组成员根据问题的难易程度、类型进行小组内部的协作分工。当问题涉及面较广并可以划分成若干子问题时，小组成员可以按照"拼图"学习法进行探究式学习。每个小组成员负责一个子问题的探索，最后聚合在一起进行协作式整体探究。当问题涉及面较小、不容易进行划分时，每个小组成员可以先对该问题进行独立研究，最后再进行协作式探究。

2. 合作交流，互助促学

翻转课堂是培养学生高阶思维能力的场所，学生课外学习的结果检测、展示都必须在课堂教学中完成。合作学习是翻转课堂教学中主要的学习方式，合作学习是学生之间采用对话、商讨、争论等形式充分论证所研究的问题，以实现学习目标的途径。学生在小组活动中展示课前学习结果，相互评价，取长补短，积极交流，疑问互答，通过小组活动，解决课前学习中未解决的问题。小组之间的交流展示，不但培养了学生良好的表达能力，同时有助于学生思维能力和问题思考能力的提升，有利于发展学生个体的思维能力、增强学生个体之间的沟通能力及学生相互之间的包容能力。此外，合作学习对学生形成批判性思维与创新性思维，提高学生的交流沟通能力、自尊心与形成个体间相互尊重的关系，都有明显的积极作用。

此外，小组发言者展示小组活动成果，发言者既要重视小组讨论结果，又要对小组每一位同学的课前学习做简洁、准确的评价。教师根据小组展示结果，有针对性地进行评价。最后教师针对展示成果，选择优秀的学生作业作为案例进行补充说明，强调重点，同时在总结过程中注重三维目标的整合。

3. 成果展示，以评促学

根据翻转课堂的理念，课堂是交流、展示、质疑的场所，课堂是师生、生生互动的舞台。在教学中，小组活动成果展示是学生个性化和互助性学习的结果，是学生经过独立探索、协作学习之后，完成的个人或者小组的成果集锦。学生需要在课堂上进行汇报，交流学习体验，分享作品制作的成功和喜悦。成果交流的形式多种多样，如举行展览会、报告会、辩论会、小型比赛等。除在课堂上直接进行汇报之外，还可翻转汇报过程，学生在课余将自己的汇报过程进行录像，将其上传至网络平台，教师和同学在观看完汇报视频后，在课堂上进行讨论评价。在评价过程中，教师的积极、准确评价能为学生后续的学习打下良好的基础。

（三）课后

翻转课堂中的评价体制与传统课堂的评价有所不同，其更加强调评价主体的多元性和评价方式的多样化。在这种教学模式中，评价应该由老师、同伴以及学习者共同完成。翻转课堂不但注重对学习结果的评价，还通过建立学生的学习档案，注重对学习过程的评价，真正做到定量评价和定性评价、形成性评价和总结性评价、对个人的评价和对小组的评价、自我评价和他人评价之间的良好结合。评价的内容涉及问题的选择、独立学习过程中的表现、在小组学习中的表现、学习计划安排、时间安排、结果表达和成果展示等方面。对结果的评价强调学生的知识和技能的掌握程度，对过程的评价强调学生在实验记录、各种原始数据、活动记录表、调查表、访谈表、学习体会、反思日记等内容中的表现。

样例展示

小学数学"乘法分配律"翻转课堂教学设计

教学流程图如图7所示。

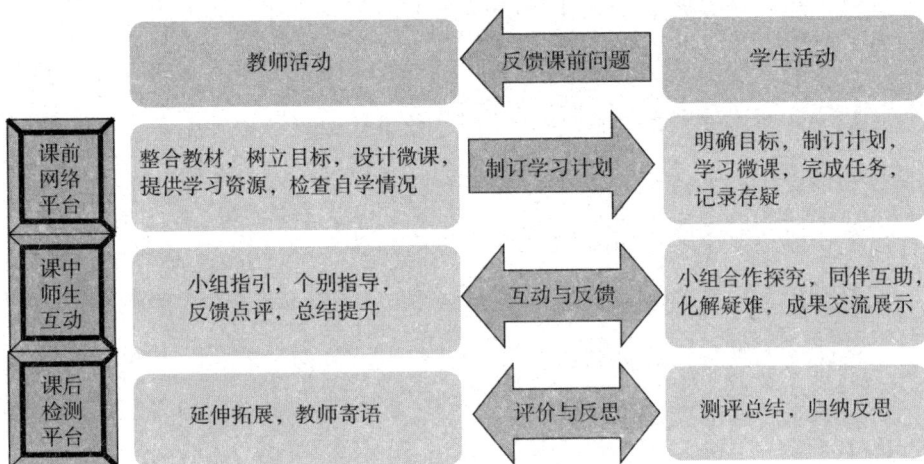

图7　翻转课堂教学流程图

一、课前阶段

（一）微课设计

"一个能激发学生学习兴趣、引导学习的视频是翻转课堂实施的前提和保障。"首先，科组、备课组先做好规划，细化课程知识，形成精细的课程"知识点组"体系。其次，教师要提供充足的素材，尤其是涉及渗透数学基本思想与方法的内容，更容易激发学生的兴趣与探索的欲望，激发学生主动去建构问题。这样学生就会认识到，任何规律的形成都必须建立在验证的基础上，而不是简单做出一个判断。最后，微课视频要结构合理、条理清晰、生动形象，有较强的可视性、互动性。教师的表述尽可能使用"互动型教学对话"，使课堂真正成为知识重组、思维碰撞的场域。

乘法分配律是乘法运算律中学生学习最为困难的部分，其困难性源于乘法分配律比乘法交换律和乘法结合律组成要素多了，展开算式步骤多了。它不但出现加法和乘法两三步混合运算，其应用范围也更为广泛，变化中的变式类型较多，成为一个教学重点。乘法分配律的诸多变式容易让学生分辨不清。

微课设计主要围绕乘法分配律提出了四个问题：第一个问题是结合解决实际问题的过程，交流、感受两种不同的列式计算方法；第二个问题是从一个问题不同的列式与算法中发现乘法分配律；第三个问题是用字母表示乘法分配律；第四个问题是结合已有的经验，解释乘法分配律的正确性。

（二）学习任务单

学习任务单的主要作用是向学生提出学习活动的"认知要求"和"方法指导"。学生通过学习任务单可以明确学习任务和得到学习方法的"指导"。同时，学习任务单中的"认知要求"也就是"认知目标"的一种可检测的表述方式，完成目标不仅表明达到了"认知要求"，也反映了"过程与方法"的合理性。因此，一份学习任务单对于指导和帮助学生自主学习起着重要的作用，能将学生"宽泛"的学习"收敛"到课程教学的目标上来。

教师可通过学习任务单组织学生开展自主探究学习，特别是在引入"翻转课堂"开展教学创新实践时，更是将"学习任务单"和"微视频"结合在一起，作为学生课前学习的材料。

学习任务单设计如下：

表2　"乘法分配律"学习任务单

一、学习指南
课题名称：北师大版小学数学四年级上册"乘法分配律"
达成目标：通过观看教学视频，完成"学习任务单"规定的任务： （1）经历乘法分配律的探索过程 （2）理解用字母表示乘法分配律的优越性 （3）结合已有经验，体会乘法分配律的意义 （4）积累合情推理的数学活动经验

课堂学习形式预告： 任务定向—小组协作—汇报展示—课堂评测—小结收获		
二、学习任务		
学习任务	学习过程	学习建议
任务一： 猜想规律	贴了多少块瓷砖？你是怎样算的？ 厨房贴瓷砖。	列式并计算，有几种方法就写几种，说一说，每种方法是怎么想的
任务二： 验证规律	你能照样子也写出三个等式吗？ 1. _____ 2. _____ 3. _____	结合微视频的探究指引，完成任务，并归纳、概括规律
任务三： 表达规律	请你用喜欢的符号表示出乘法分配律 _____	想一想，怎样记忆这个规律才好呢
任务四： 应用规律	请提出数学问题，并解答： 左边的花坛中每行有 6 朵红玫瑰，有这样的 5 行。右边的花坛中每行有 4 朵蓝玫瑰，有这样的 5 行	生活中有许多地方用到乘法分配律，你能再举一个例子，说说它是如何运用乘法分配律的吗
三、困惑与建议		

二、课中阶段

在课堂中，教师组织学生协作学习突破疑难点，如通过小组合作、组间竞赛、辩论赛、头脑风暴、汇报展示、答疑解惑等形式来增加学习活动的趣味性和待解决问题的发散性，让学习者在实践验证活动中体验数学基本方法和基本活动经验。

表3　"乘法分配律"课堂教学过程

教学流程	师生互动展示
（一）任务定向：明确"须知"——以此作为学习的关键点	"乘法分配律"是"运算律"单元的最后一个新知内容，除了知识本身以外，学生还需要知道一些隐藏在知识背后的策略性方法和数学思想等隐性知识。因此，我利用板书对本节课内容进行了梳理。板书中呈现了这节课的教学脉络，既有知识点，又有探索规律的基本方法和思想，学生能清晰地看到运算律的逐步归纳过程。此环节我应用了网络空间的互动课堂功能，将学生在学习任务单中提出的问题推送到黑板上，以供全班分享，一方面检测了学生课前的学习情况，另一方面引导学生进一步探究乘法分配律的意义
（二）小组交流：经历"探知"——以此作为学习的生长点	利用网络空间互动课堂投屏、视频直播功能，教师便可走下讲台，走进学生之间，随时关注每一位学生的学习状况，构建了基于网络学习空间的移动教学环境
（三）汇报展示：主动"求知"——以此作为学习的着力点	学生在课堂中"主动求知、大胆质疑"，教师才能发现问题，及时调整教学策略解决问题。在基于网络学习空间的移动教学环境中，教师随时可调用课外的学习成果，让全组参与成果展示，令所有学生兴趣浓厚，注意力集中
（四）课堂评测：辨析"误知"——以此作为学习的扩展点	乘法分配律有很多种变式，学生会出现各种常见的带有共性的错误。教师在教学中引导学生加以辨析，在比较的过程中逐步理清乘法运算律的本质特征。教师利用随机挑人功能，对全班同学的掌握情况进行抽查。通过互动课堂的即时评价功能，学生可随堂反思、及时发现问题并解决问题
（五）小结收获：内化"悟知"——以此作为学习的延伸点	教师要不断丰富对乘法分配律的认知，引导学生整理、复习、巩固所学知识，为后续学习奠定基础

三、课后阶段

翻转课堂利用网络空间布置课后作业。需要说明的是，翻转课堂对学习过程的评价，不仅重视学习结果反馈，评价的内容还包括学生在自主学习过程中的表现、结果表达和成果展示等多个方面，强调学生的知识掌握程度和学习能力的提高程度。作业上传提交可以是图片格式、视频格式。

四、翻转课堂评价体系

翻转课堂评价体系也应该适应新的教学模式，可以从以下这几个要素进行评价：

表 4　翻转课堂评价体系

评价对象		评价内容
教学设计	微课设计	知识点讲解科学、准确，语言生动有趣；提问能启发学生思考；有相匹配的练习和相关知识拓展链接
		运用恰当的素材，内容科学准确，符合时代性；与教材吻合，表述一致，增强互动性和参与性
	学习单设计	有效解决学习目标的要求，构建有梯度的科学性学习任务，要贴合学生的学习需求，有指示引导作用
	课堂教学过程	教学过程流畅、高效，能解决学习任务单上的任务，并延伸拓展
教师教学	坚持翻转课堂的理念	
	课前及时反馈学生的问题，根据学生的学习程度进行教学设计	
	课堂与学生互动，及时解决学生的问题，引发学生进行深层次思考；督促小组每个成员积极参与；提供个性化指导；组织符合数学学科的学习活动；对学生的学习成果进行恰当的引导性点评	
学生学习	课前能自主学习，积极探究	
	课堂能积极参与探讨，与组员配合；主动提问，积极展示学习成果，自主做好课堂反思和总结	
	对学习成果进行自评、他评	
	逐渐掌握学习数学的方法，运用数学思维对内容进行分析解读，得出自己的观点	

【样例评析】

本节课采用的是翻转课堂学习模式，课前学生观看微视频，面对同一个情境、同一个问题、同一个内容却有着不同的理解，提出的困难与问题也是不一样的，那么，关注个性化学习过程，学会欣赏他人的生活经验和思维方式的独特性及多样性，学会独立思考并积极与他人分享自己对问题的独特理解，就成了本节课培养学生的关注点。

学生的认知水平有差异，对于具体数学对象的直接经验以及生活经验有所不同，对于乘法分配律的理解方式也有所不同。例如，学生们会提出这些问题：乘法分配律括号里可以是多个加数吗？乘法分配律括号里可以是减法吗？乘法分配律里既然可以是加法、减法，那要是乘法和除法可不可以呢？乘法分配律和乘法结合律怎样区分呢……于是课堂上，教师鼓励学生勇于提出自己的问题，发表自己的意见，大胆主动地与同伴进行合作、交流，鼓励学生小组合作交流、思考、讨论，拓展学习思路。在解决问题的过程中，学生可以很好地完成本节课的学习目标。

此外，优质的微课资源是翻转课堂实现的坚实基础。在此理念下，本节课的微课程设计具有关联化和体系化的特点，注重了总体、具体的课程目标和学习指导，个性化的课程计划，可供选择的微课实例，梯度式的匹配练习，可测量的评价体系，与课程相关的总结、反思与建议，是一套系统、科学的"微课程"。

作者以本课为例抛砖引玉，期待在翻转课堂中，学生能有更先进的移动终端，能在自主学习的环境中获得个性化的教育；教师能在翻转课堂中找到专业发展的途径，享受与学生对话的愉悦；在新信息技术下，让课堂成为激荡智慧、促进学生身心发展的场所。

第三节 合作式学习模式

案例启思 ▮▮

　　在一次语文课堂教学中，王老师提出了这样一个问题："四大名著中你最喜欢哪个人物？这个人物有什么性格特点？"接着，王老师让同学们小组讨论一下。在听到教师分小组合作学习的指令之后，一部分学生自觉地转向自己的后排，而另外一部分学生则自觉地与他们分组配对。课堂上学生以小组形式进行着讨论，热闹非凡，但细细观察，王老师发现，每个组中会有一两名学生主导着讨论，频频发表自己的意见；其他学生要么充当看客在听，等待别人的成果，要么无动于衷根本就不参与其中，被边缘化。小组讨论停止后，王老师提出："谁能够发表一下见解？"起来回答问题的学生则多是小组中学习能力强、表现欲望佳的那几个，他们按照课文中的文本一一汇报，而当这些学生没有回答全面时，王老师也只能"节约时间"，直接将答案说出，大部分学生并没有真正参与进去。

问题剖析 ▮▮

　　在很多所谓的小组合作学习中，我们都会观察到这样的一种现象：学生为了合作而合作，热闹背后的放任、随意，使学生的学习效果大打折扣，在教师看来，合作式学习是在新课改理念下出现的一种学习方式。新课改倡导自主、合作、探究的学习方式，其中合作式学习被课堂教学大量运用，生生参与，小组互动，同学之间竞争合作，课堂呈现出勃勃生机的景象，这样的课堂给人以享受和启迪。但是，日常教学中还存在许多假大空式的合作式学习，合作式学习存在很多误区，比如分工不明确、合作低效、学生参与度低、学生讨论追求老师预设的结果而不是真正在思考问题等。

案例中呈现的"包场"现象时有发生，如小组任务很多时候都是小组内极少数的学生在进行讨论交流，剩下的学生参与度很低，即在合作式学习中，全员参与度不够，往往让小组优秀者包揽全场，代替其他成员发表意见，小组合作趋于形式化，没有实现合作式学习的真正价值。而成绩不好、腼腆拘谨、性格内向的学生成了"边缘人"，他们常常缺少自信，得不到独立思考的机会，直接从活跃的学生那里获得信息。此外，分工不明确、不合理使部分学生滋长了依靠心理，他们总是想："反正小组中有人去想，有人带好材料。"这样就降低了整个小组的合作学习实效，直接影响了合作学习的质量，使参与流于形式，不能真正发挥每个学生的主体作用，导致学习成绩两极分化严重，这与小组合作学习的初衷是相违背的。造成此种状况的主要原因是教师不能有效地关注合作式学习的过程和学生个体的学习状况。

造成这种现象还有一个原因就是小组的划分不合理。学习小组的编排太随意，一般是按照座位随意组成的，教师没有充分思考学生与学生之间的互补性，往往会出现单纯的"优秀生组"或"学困生组"。

解决策略

针对以上的问题，如何让合作式学习真正发挥它的优势呢？

信息时代的到来恰恰为合作式学习带来了新的生机，在信息技术和网络媒介的支持下，以计算机多媒体为核心的信息技术在学校的发展和教育教学应用的普及下，为合作式学习提供了全新的信息化环境、信息资源与信息方法，提供了自主协作、讨论学习、交互探究、近距离与远距离交流互动的工具与平台，为合作式学习注入了更加丰富的内涵，合作式学习能更加完善地服务于课堂教学以及学生的学习活动中。

混合环境下合作式学习的一般实施策略如图 8 所示。

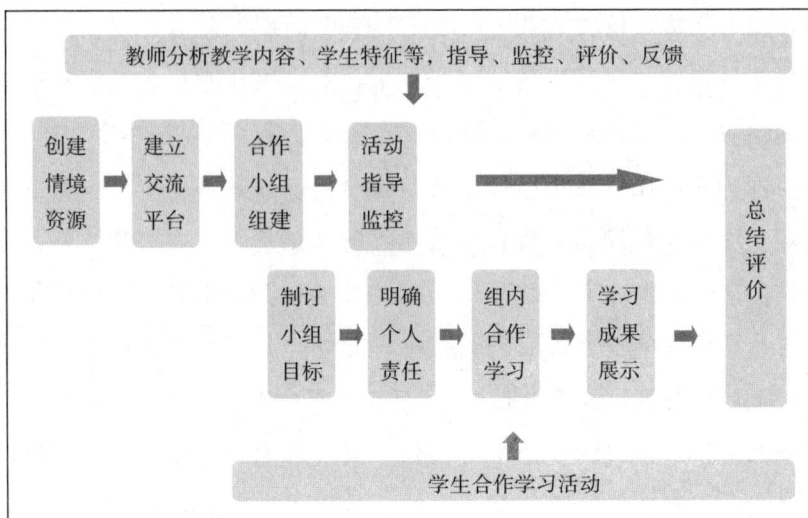

图 8　合作式学习实施策略

混合环境下合作式学习推荐教师掌握的信息技术应用微能力点有：A4 数字教育资源管理、B1 技术支持的测验与练习、B2 微课程设计与制作、B5 学习小组组织与管理、B6 技术支持的展示交流、B7 自评与互评活动的组织。

一、营造真实学习情境，丰富信息资源

在混合环境下开展合作式学习，教师要充分利用多媒体技术，通过动画模拟、演示、演播等手段，从学生熟悉的生活情境出发，将教学单元的学习目标转化成相关活动，把需要解决的问题融合到精心营造、图文并茂、生动逼真的情境中，从而激发学生合作解决问题的愿望和动机，使学习变成学生的内在需要。在网络环境中，信息资源极其丰富，教师必须对信息资源进行整合，设计并提供有针对性的信息资源和搜索方法，另外还要提供相应的学习方法指导，这样才能有效地促进学习者对知识的建构，提高学习效率。教师通过学习目标和学习内容的制订，可以很好地管理学习者学习的方向和速度。

二、创建混合学习环境，建立交流平台

混合学习环境是合作式学习的重要载体，是学习者在开展合作学习活动

过程中持续下去的平台与条件。因此，教师在开展混合环境下合作式学习时，要保证计算机和网络通信系统正常运行，同时要设计好各种支持个性化学习与合作学习的虚拟学习场所，如人人通空间、聊天室、实时协作文档等即时通信平台。

三、组建合作学习小组，促进学生发展

小组是合作学习的基本组织形式，学习小组建立的合理与否会直接影响到合作学习的质量和效果。教师利用信息技术工具可以快速、便捷、合理地分组，建立起具有良好结构的合作学习小组。

（一）合作小组组成形式相对灵活

根据不同的学习目标、活动形式和学习者特征，组成不同的小组结构，可以由教师预分组，也可以由学生通过网络自行组合。当然，学习的不同时期使用不同的分组机制，才能最大限度地提高学习的效率。例如，采用异质分组，使小组成员在性别、成绩、能力等方面具有一定的差异，并具有互补性。分组时通常先由学习者按照个人兴趣自行组合，最后由教师按照分组规则进行协调。分组时要保证每个学习者都承担小组学习的责任，保证小组成员有积极的相互依赖关系。小组人数是建立学习小组时应重点考虑的因素，它不仅与学习任务、小组活动方式有关，还与技术支持有关。每个小组要选定小组长，负责小组活动的组织，组长的积极性、主动性会直接影响全组的协作学习效果。

（二）小组成员要目标明确、分工合作

合作学习要保证每个学习者在小组中都承担学习任务，都有获得学习的机会。教师要想提高合作学习的效率，就要让组内每个人都明确目标，因人而异，发挥出每个人的特长，激活每个人的主观能动性，每个人都树立主人翁意识，愿意参与合作学习，掌握合作学习的策略。这些看似简单的操作，需要教师的先行指导，学生明确后，教师将把主导地位还给学生，但是必要

的、及时的引导还是不可或缺的。教师要充分重视学生之间的交流和团队意识的培养，保证小组成员之间有积极的相互依赖和合作关系。

四、科学组织学生合作学习，提升综合能力

混合学习环境下的合作式学习包括老师和学生的各种与学习相关的行为。合作学习活动主要围绕学习内容展开，并根据学习内容的不同采用不同的活动方式，整个学习活动强调学习者之间的交互合作能力和实际解决问题能力。教师要充分调动学生参与学习的积极性。对于较为复杂、需要持续完成的合作学习，组长要制订详细的活动计划，进行有效的组织、管理。教师要经常深入学习小组参与活动，指导学习方法，帮助学生解决合作学习中出现的问题，指导学生获取学习资源的途径。组员间通过提问回答、发表言论、在线协商等进行同步或异步的交流，协商解决交互中出现的分歧，把最终的学习成果整合出来。在整个学习过程中，学生始终处于主体地位，教师则扮演着组织者、引导者的角色，通过指导、建议、协调等鼓励学生表达不同的想法，提升学生的综合、分析、判断等高层次思维活动。

五、学习成果和评价

合作学习的成果要进行小组内的交流、讨论和评价，确立最佳方案，并及时提交入库。在教师的指导下，小组之间互相展示学习成果并进行自评和互评。学习报告可采用多种形式来展示，如电子演示文稿、网页等。指导教师把学生在学习活动中的成长记录进行整理，作为对学生学习评价的第一手资料。

因此，在混合学习环境下，合作式学习所产生的成果应是多样的，如PPT幻灯片汇报、思维导图、汇报表演、统计图表等。合作式学习对学习成果的评价应是一个基于网络环境的相对开放的体系，评价主体应该具有多元性，譬如学生自我评价、生生相互评价、教师评价、家长评价、专家评价等。评价阶段也应具有灵活性，比如初始能力评价、过程性评价、总结性评价等。

教师在这里要组织、调控评价的过程并进行概括性总结，帮助学生巩固学习成果。

样例展示

　　此案例是江西省赣州市兴国县思源实验学校吕思慧老师执教的"圆明园毁灭"一课，借助希沃易课堂平台工具开展的合作式学习片段。

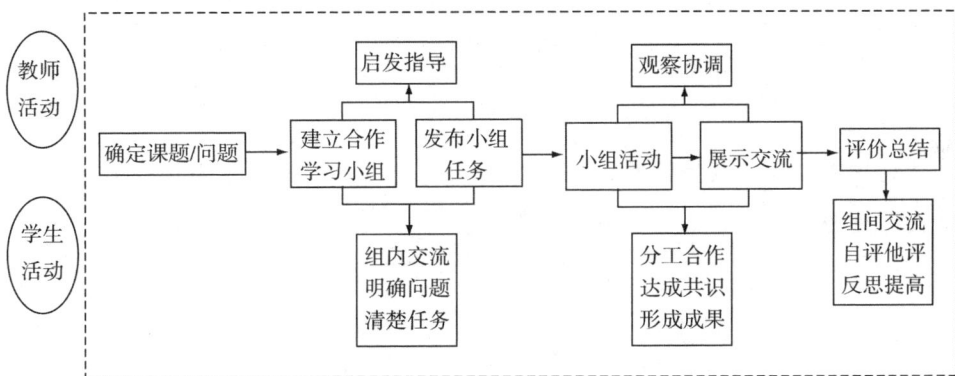

图9 "圆明园毁灭"合作式学习活动

合作式学习活动一：

一、小组合作，梳理课文内容

教师发布小组合作任务：

小组任务1：作者在文中是怎样介绍圆明园的？请读课文2、3、4自然段，作者是从哪几个方面介绍的圆明园？用了哪些词语进行描述？

　　学生先根据课本内容进行讨论，确认好主体内容和分工后，在平板上进行协作，共同完成对课文内容的梳理。同一个小组的学生在同一个界面内编辑，编辑系统同时支持手写输入、文字输入与插入多媒体等方式，小组成员也可同步看到其他组员的编辑情况。教师也可在主屏幕上看到小组共同编辑的过程与结果。

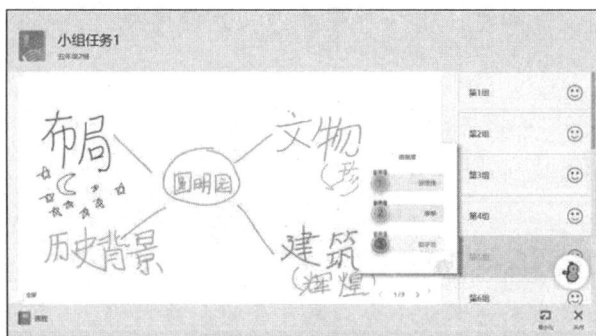

图 10　小组任务 1

不同颜色的编辑框代表不同的学生在同时进行编辑和输入。

二、小组成果汇报展示

编辑完成后，教师收卷并在大屏幕上进行展示，请了两个小组的代表上台来进行展示。

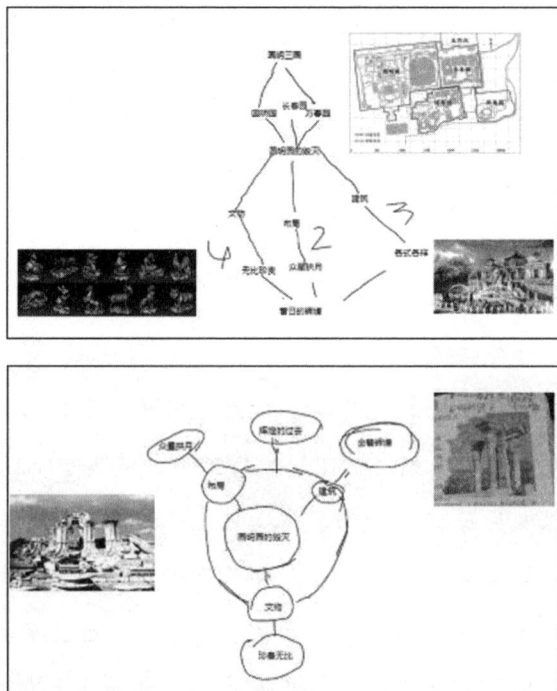

图 11　小组成果展示

从图中可以看到，学生对于课文内容的梳理要点接近，但建构的方式大有不同，形式和内容都非常丰富。

三、点评总结

1. 小组展示后，其他小组与教师对此进行点评。

2. 拓展延伸。教师引导学生结合刚才讨论的内容"这是一个怎样的圆明园"再次朗读课文，并对重点词语进行讲解，帮助学生理解词语的含义，并辅以多媒体材料创设情境，观看有关圆明园历史的视频，让学生了解圆明园过去的辉煌，其中含有圆明园的复原图与现在的遗址图，形成强烈的对比，让学生发表观看后的感受。

接着，教师对课文中描写圆明园毁灭的一段进行深入细致的讲解。

合作式学习活动二：

一、结合历史探究复杂问题

有学生提出了疑问：英法联军在入侵圆明园的时候为什么没有受到阻拦呢？——这也正是老师想要问大家的，由于这个问题与当时的历史背景有关，因此老师下发了第二个小组协作任务，让同学们在阅读相关的历史背景材料后，进行小组研讨，并将其梳理成要点。

二、展示汇报

学生阅读完材料并进行充分讨论后，在平板上形成汇总的结论，教师收卷后请学生代表在讲台上进行展示。

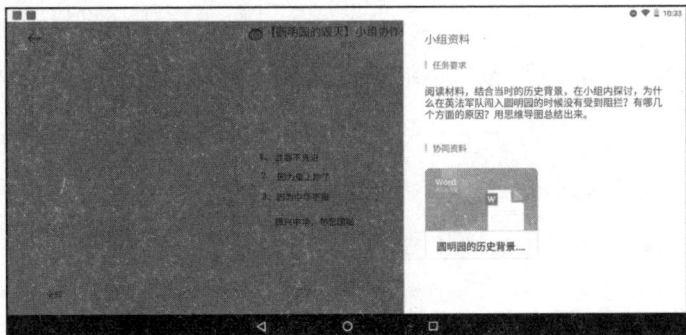

图 12　小组成果展示

三、教师总结升华并布置作业

1. 总结提炼和升华，激发学生的爱国主义情怀。

2. 布置课后作业，在下列两个题目中任选其一写一篇小作文，并拍照上传：

（1）如果你穿越到 1860 年，你会对那里的人说些什么？

（2）如果你生活在 1860 年，穿越到现在，你会对现在的人说些什么？

【样例评析】

混合学习环境下的合作式学习是利用计算机、网络、多媒体等信息技术工具来支持的新型学习方式。信息化工具的介入不仅能让学生从更多地方获取资源，也能给学生合作交流学习提供一个很好的机会，这也体现出了课程学习的开放性。

混合学习环境下的合作式学习优势显著，包括以下几方面：

一、学习资源更丰富

网络平台为学生之间的合作提供了丰富的学习资源，使其能在集体、小组和个别学习中平等获得技术资源和参与学习活动的机会，更加方便地搜索资源。

此案例中，教师借助平台工具下发任务，每个学生都可以清晰地看到此次任务的要求，明确的要求让小组讨论更聚焦；教师下发了多媒体材料、文档、图片等供学生了解相关信息的资源，学生通过上网搜索资料来完成教师布置的任务，这符合语文课标中对学生提出的初步具备搜集和处理信息的能力以及主动进行探究性学习的能力。

二、讨论交流更有效

学生之间进行信息组织和讨论交流更为有效。虽然学生对于学习内容的建构方式是大不相同的，但是小组成员需要共同完成一份作品，因此，小组成员必须在相互合作与妥协中，在倾听与理解他人的观点中达成共识。

同时，教师可以观察到小组在学习过程中合作的状态，便于获取学生合作的反馈，对其进行及时指导和适当干预。

三、更利于激发学生的学习动机

在合作学习中，学生得到更多的积极反馈和帮助，从而激发了更高的学习动机。在技术支持下，学生在小组讨论碰撞后的结果是"惊人的"，在这个过程中迸发出了令人意想不到的创造力与协作力，合作学习不再流于表面形式，而在于是否实现小组合作的真正价值。

四、学生参与度提高

在合作过程中，不同的学生用不同颜色的笔来进行书写，使教师全面了解到学生的参与情况。同时，教师通过小组内的贡献度排名、大数据分析，可以看到组内每个学生的参与度。

五、学习成果展示更便捷

在相同的时间内，学生可以在网络学习平台上呈现小组合作的学习成果，也可以通过非实时的交互来交流合作，还可以看到其他所有小组的成果，便于分享与交流。

在信息技术应用日渐普及的今天，教师需要努力构建出一个让学生能够进行双向沟通以及互相讨论的学习环境，建立一个真正以学生为中心的信息化、网络化、智能化、多元化和多样化的合作学习空间。

第四节　探究式学习模式

案例启思

在数学课堂教学中，教师通常会利用教材中的主题图进行教学。下面是北师大版小学数学四年级上册第五单元第二节"确定位置"的一段课堂实录。

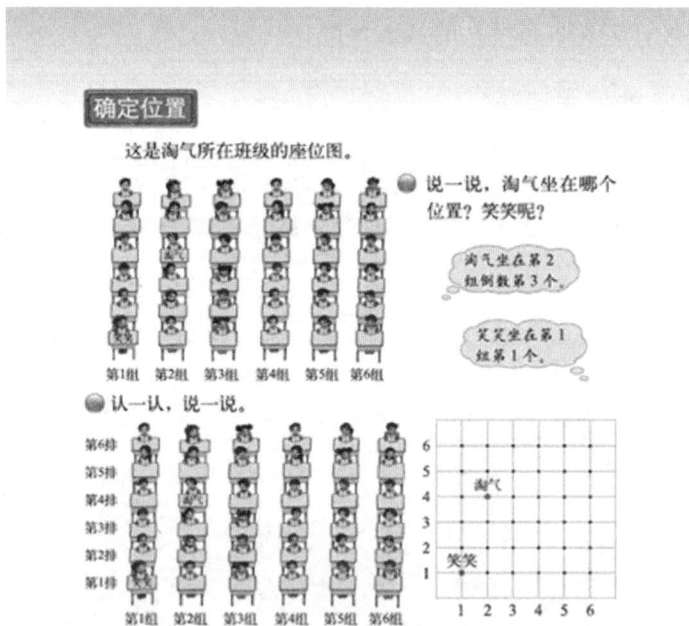

图 13　"确定位置"教材图

教师在讲授这节课时，首先呈现这幅教室座位图，通过提问淘气和笑笑所坐的位置唤起学生对行和列旧知的认知，从而实现对旧知的迁移。教师让学生思考能用第几组第几个这样的描述方法表示位置，但课堂气氛沉闷。接下来，教师引导学生比较数对之间的特点，教师问："同学们，你们知道这些数对有什么特点和联系吗?"学生陷入沉思。教师引领学生观察座位图,希望学生从座位图上表示学生位置的数对上发现特点。但这样的观察和发现比较抽象,90%的学生没有举手回答问题。

教师也是在按照教学预设开展教学活动,为什么效果不尽如人意呢?问题究竟出现在哪里?

问题剖析

这节课中,教师借助主题图,让学生用数对表示每个人的位置,然后观察这些数对的特点。静态的观察和判断不利于学生发现数对的特点,学生的学习缺乏趣味性和主动性,不能有效培养学生的自主学习能力。为了更好地探究数对的特点,教师可以明确学习任务,鼓励学生开展探究式学习,激发学生学习的积极性,提升内驱力,还可以为学生提供学习工具,便于学生操作、观察、发现数对的特点,使学习更加高效。

问题1:主题图缺乏趣味性。

学习的积极性首先来源于兴趣,兴趣是学好一切知识的前提,是入门的老师,它促使学生去追求知识、探索知识的奥秘。苏联教育实践家和教育理论家——苏霍姆林斯基曾指出:如果老师不想办法使学生产生情绪高昂和智力振奋的内心状态,就急于传授知识,不动情感的脑力劳动就会带来疲倦。没有欢欣鼓舞的心情,没有学习兴趣,学习也就成了负担。如何让本节课教学导入更加有趣,而非呈现单一的教室座位图呢?

教师可以利用多媒体技术,其集光、形、色于一体,直观形象,新颖生动,让学生既能看得到,又能听得见,还能亲自动手体验。教师也可以通过生活实际帮助学生理解出数对的特点与联系,让学生的多种感官参与学习,激发学生的学习兴趣,丰富教学内容,这样既活跃了课堂气氛,又调动了学生求知的自觉性和积极性,从而达到教学的目的。

问题 2：缺少探究学习的"脚手架"。

这位教师在教学中始终牵着学生走，带着学生观察笑笑的位置，发现行和列的排列方法；又带着学生研究第几组第几个，帮学生明确"左右"与"前后"的相对位置与顺序；然后，再带着学生尝试表示不同人的位置；再到数对表示位置的方法，等等，牵着学生走的痕迹很明显。在本节课的难点部分"发现数对的特点"，依旧是教师带着学生去发现。俗话说：授之以鱼，不如授之以渔。对于学习来说，与其教师一点一点地去教知识，不如给学生搭建自主探究学习的"脚手架"，为他们呈现学习任务，并为他们提供学习工具，让学生自主探究与发现。

教师通过教育送给学生最好的礼物是培养他们的问题意识和问题解决能力；培养他们的批判思维能力、创新思维能力、反思能力等高阶思维能力；培养他们自主探究的能力，培养他们的团队意识，提高他们的协作学习能力。

问题 3：难点学习耗时、低效。

数学中的规律是需要通过大量数据验证才能得出的，而课堂上的时间有限，这位教师一味地让学生观察座位图中每个人的位置，观察表示这些位置的数对，学生不仅感到学习很枯燥、无趣，而且在发现数对特点的时候，教师只是让学生单一地去看这些数对，学生缺少动手操作的学习，不利于学生发现规律。在这个环节的教学中，学生在沉闷而形式单一的学习氛围里耗时较长，并且很难发现数对的特点。如果教师能为学生设置有趣的教学内容，为学生提供动手操作的机会，让学生在动态操作中直观地发现数对的特点，就可以让学生的学习快捷、高效。在信息技术与学科深度融合的时代背景下，教师为学生提供快捷、高效的信息技术工具辅助其探究式学习，可以让学生在最短的时间内看到尽量多的现象，发现更多的规律。

解决策略

　　探究式学习又称为研究性学习，是指从学科领域或现实生活中选择和确立主题，在教学中创设类似于学术研究的情境，学生通过动手做、做中学主动地发现问题，经过实验、操作、调查、收集与处理信息、表达与交流等探索活动，获得知识，培养能力，发展情感与态度，特别是发展探索精神与创新能力。

　　在信息技术环境下，人们获取知识的方法与途径的研究是当今世界共同关注的教育科学前沿课题之一。在信息技术条件下，探索探究式学习模式，实现信息技术与课堂教学的融合，帮助学生搭建学习平台，为学生自主探究知识开辟通道，是教育改革的一项重要举措。

　　形成科学合理的探究式学习模式，可以为一线教师提供第一手资料，教师在教学中有法可依。下面我们就从真实的教学案例入手，从问题出发，探究信息技术支撑下的探究式学习模式。根据研究现状，我们总结并提炼探究式学习模式如图 14 所示。

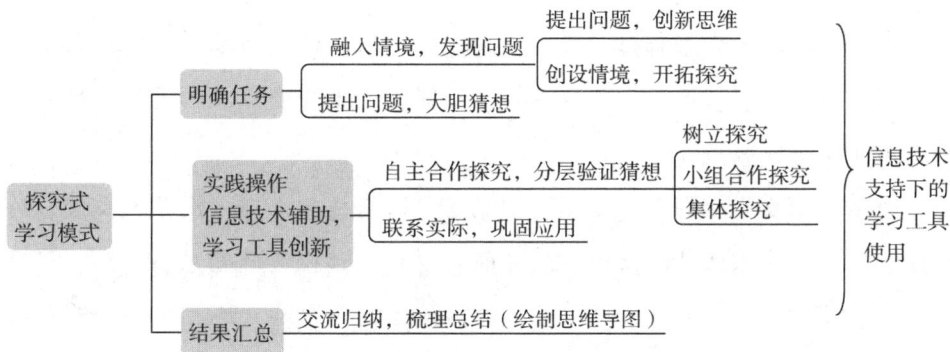

图 14　探究式学习模式

探究式学习模式所遵循的教学流程：

融入情境，发现问题——提出问题，大胆猜想——自主合作探究，分层验证猜想——联系实际，巩固应用——交流归纳，梳理总结。

在混合学习环境下实施探究式学习，推荐教师掌握的信息技术应用微能力点有：A2 数字教育资源获取与评价、A8 技术支持的方法指导、B1 技术支持的测验与练习、B3 探究性学习活动设计、B5 学习小组组织与管理、B6 技术支持的展示交流、B7 自评与互评活动的组织。

（一）融入情境，发现问题

良好的问题情境是小学数学探究式学习的前提。有了良好的课堂氛围和生动鲜活的生活素材及问题情境，学生才能够将数学学习与已有的生活经验紧密联系起来，充分提高学习数学、探究数学问题的兴趣，从而积极主动地发现问题。

教师要想实现课堂教学高效，就要因地制宜，因材施教，采用科学有效的学习模式进行交互学习。教师要充分利用集实物、模型、录像、多媒体课件和网络课堂为一体的教学平台，采用生动活泼的多维立体教学手段，极大地激发学生的学习热情，增加课堂的信息量，提高学生的形象思维和空间想象力。教师既可通过语言、板书、肢体语言向学生传授知识，又可采用探究式学习模式与多媒体教学相结合的教学方法。教师采用上述方式教学可提高学生的学习兴趣和理解程度，变学生被动接受知识为交互学习，逐步引导学生进行深度思考、自主合作探究式学习，取得"满堂灌"和封闭教学模式所无法获取的教学效果。

例如，语言文字的训练是语文课的基本任务之一。在一次公开课上，一位教师在教授人教版"赵州桥"一课时是这样设计探究问题来引发学生思考的：教师借助网络环境下信息技术教育所具有的图、文、声、像并茂的特点，通过引导学生对重点词句的理解，扎扎实实地进行语言文字训练，以达到强化思维的目的。在教学第二、三自然段时，教师把电脑操作由欣赏转换到图字组合教学，学生通过前面的大屏幕，观看相关操作并进行对应学习。教师出示第二自然段的文字以及赵州桥整体和局部的比较图片，请学生找出描写局部特征的语句，分别读一读，了解它们是如何"统一"的，这样写作有什么好处，即为何赵州桥屹立千年而不倒，出示了本节课的研究问题。学生挖掘文本，不断探究其缘由，抓词理句找出重点词语，电脑上以红色的字表示。颜色鲜明的动词给孩子们留下了深刻的印象，通过这些关键词，学生不仅能很好地体会出赵州桥的雄伟和美观，而且为赵州桥外观和坚固的关系打下了基础，更为朗读课文、进行小练笔做好了铺垫。

（二）提出问题，大胆猜想

设置有效探究的问题，教师鼓励学生大胆地猜想问题的结论或答案。当学生提出这些猜想和答案的时候，他们自然就会迫切地想验证自己的猜想是否正确，因此就会主动地去关心这个问题，迫切地投入到探究问题的过程中。

思维是智力的核心，探究离不开学生的高阶思维活动，只有经过独立思考，学生的探究才会有价值。猜想是科学探究的前提，是打开科学宝库的金钥匙，然而受到知识水平、思维能力、生活经验等限制，部分学生的猜想能力并不强。因此，在课堂教学中，教师要充分利用信息技术，活跃学生的科学思维，使学生能够积极展开合理的猜想，自主进行探究活动。学生对于那些司空见惯的现象，由于缺乏探究意识，高阶思维能力有限，抓不住探究问题的本质，自然无法提出合理的猜想。因此，教师要充分利用信息技术，在关键点上设置疑问，引导学生抓住疑问点，激活学生的思维，鼓励学生深入分析，结合自己的生活经验、知识背景等提出合理的猜想。

在教学"有利于生存的本领"一课时，为了使学生理解动物的形态与环境相适应的特点，教师利用 Flash 课件出示海洋动物（鱼）与生存环境（海洋）相适应的图片，然后引导学生展开猜想：为什么有些鱼类的背部颜色深，而腹部颜色浅？学生的思维有些迟滞，找不到探究的方向，这时教师出示诗句："篱落疏疏一径深，树头新绿未成荫。儿童急走追黄蝶，飞入菜花无处寻。"学生受到启发，思维开始活跃起来。但学生虽然明确了猜想的方向，却还是无法理解为什么这种形态会更好地适应海洋的生存环境。看到学生满脸疑惑不解的神态，教师利用 Flash 课件的拖曳功能，将"鱼"拖进"海洋"，然后让天空飞来几只"捕鱼鸟"，随后以"捕鱼鸟"的视角俯视"海面"。看到这里，学生的思维再度活跃起来，提出猜想：鱼背部颜色深是为了与蓝色海洋相适应，这样可以避开来自天空鸟类的捕食。看到学生有所领悟，教师提问：那你知道这种鱼的腹部为什么颜色浅吗？学生思维的火花被点燃，提出猜想：以肉食性鱼类的角度从"海底"向上仰视海面，鱼类腹部颜色浅是为了避开来自海底捕食者的攻击。这节课水到渠成地实现了预期的教学目标。

（三）自主合作探究，分层验证猜想

教师引导学生提出对问题的大胆猜想之后，学生就会对自己的猜想产生探究的欲望。教师应注意引导学生明确探究的方向，然后让学生开展探究活动。当然，教师应注意引导学生根据不同的问题，采用不同的探究方式，也可以借助信息技术支持学生的探究学习。前面案例中提到的"确定位置"一课，学生针对数对特点提出猜想，接下来要验证猜想。验证猜想也可以经历独立探究、小组合作探究、集体探究三个阶段。

1. 独立探究

所谓独立探究就是学生根据自己已有的经验，用自己的思维方式去探究，去发现问题解决的途径与方法等。独立探究是学生学习数学知识的前提，也是其他探究活动的基础，没有学生独立探究作为基础，其他的探究活动将流于形式。通过独立探究，学生可以解决一些浅显的、基础性的问题，也能够找到自己所不能解决的问题的症结，既能学到科学探究的方法，又可以增强自主意识，培养探索精神，提高创新能力。

在这节课中，教师可以让学生先独立观察座位图中同学间的位置关系，再对照数对思考特点。不同层次的学生会有不同的学习效果，优等生可能在抽象的观察与对照中就能发现数对的特点，但这并不代表所有的学生都能达到这个水平，因此，教师在教学中一定要关注个体差异，培养每位学生独立探究的能力。

2. 小组合作探究

学生对于一些独立探究有一定难度的内容，可以在独立探究的基础上，进行小组合作探究。小组合作探究能使学生集思广益，思维互补，思路开阔，使获得的概念更清晰，结论更准确，培养学生的合作意识，集中群体智慧，提高学习效率。

在引导学生进行探究式学习时，教师可以利用信息技术来促进探究式课堂教学模式的形成，对信息技术进行合理的利用，可以使课堂教学内容条理性更强，生动度更高，开发学生的智力。

仍以前面案例中"确定位置"一课为例，教师可为学生提供探究工具，助力学生的探究式学习活动。对于学生在学习中难以解决或不好解决的问题，教师可以通过为学生提供学习工具来解决。当学生拿到这款用 Flash 制作的学习工具后（图 15），可以分组开展探究学习。

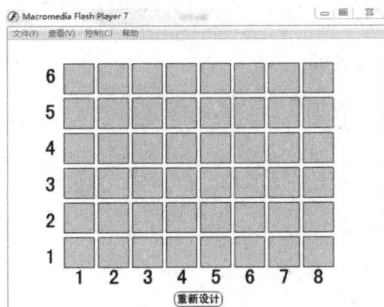

图 15　学习工具

让学生以小组为单位，为班级运动会方队设计图案。以往学生用笔在纸上画，画错了或不满意时用橡皮擦，没有时间研究数对知识。为了解决这一问题，教师为学生提供了设计软件，借助软件为班级运动会设计图案，既增强了学生的学习兴趣，也解决了纸笔绘图低效的问题。

各组针对自己的作品，总结图案的意义和特点。在此过程中，学生已经初步掌握数对的特点和规律。接下来，教师再让小组汇报他们发现的数对特点。学生们经历了发现问题、解决问题一系列学习过程。

学生发现同一行上的点、同一列上的点或同一斜线上的点涂得快，但对点与数对的对应关系并不清晰，这时，教师借助设计软件的功能，将各点与数对对应起来，有序地将数对罗列，便于对比观察，学生发现同一行上的点列数依次＋1，同一列上的点行数依次＋1……进而发现了点所对应的数对的特点。

3. 集体探究

班级集体探究主要是针对教学中的重点和难点问题，让学生自由发表意见，集中解决。

（四）联系实际，巩固延伸

让学生运用探究出的结论与规律，联系生活实际解决问题，既能让学生感受到生活与学习息息相关，体现了"学习是为了服务于生活"这一根本宗旨，又有利于培养学生将知识应用于生活的积极态度，培养学生的实践能力，有助于学生自身的可持续发展。

在美术课上，学生们学习"一张奇特的脸"一课。当学生通过学习掌握了"妙笔生花"绘画软件的使用方法后，教师可鼓励学生设想生活中夸张、变形的"奇特的脸"是什么样子的。学生们想到了反映时事类内容的漫画插图，具有典型的夸张意味。有的学生针对现代学生作业负担重的现象，利用信息技术手段开始创作绘制插图。

（五）交流归纳，梳理知识

这一阶段学生根据学习目标，在教师的引导下，对自主探究获得的知识和方法进行归纳、概括，是对前面所学知识的系统性整理。这一阶段，教师可以让学生巩固和拓展所学知识，将知识吸收内化，还可以进一步开发学生的创新思维。

无论哪个学科，在学习完某些内容后，都有着梳理本课知识、本单元知识的需要。借助软件绘制知识导图，并通过班级 iPad 的互动功能进行全班分享，这样可以帮助学生有效梳理知识点，理清知识脉络。

样例展示

"分数乘分数"教学设计

一、学习主题

分数乘分数。

二、学习目标

1. 理解分数乘分数的算理，掌握分数乘分数的计算方法。

2. 在探究问题的过程中，培养学生的动手操作能力。

3. 经历问题、猜想、验证、应用、梳理的数学学习过程，积累探究问题的经验。

4. 渗透数形结合、数学建模思想，激发学生的数学学习热情。

三、学情分析

学生在学习分数乘法之前，已经掌握了分数加减法的知识，而分数乘法是分数加法的简便运算，学生可通过知识的迁移，凭借画图、折纸等形象的数学学习方法得出分数乘法的计算方法。学生掌握了分数乘整数知识后，已经具有了分数乘法知识的学习能力，会用折纸这一有趣的学习方式帮助自己解决问题，从而逐步建立数形结合思想。但"分数乘分数"是分数乘法这一单元的难点内容，学生对于如何利用数形结合的方法抽取形与数之间的关系还存在难度，教师需要为学生提供大量的动手操作时间，帮助学生逐步理解算理。

简单的分数乘分数计算易操作，折纸方法比较适用，同时，教师可提供微课辅助学生学习，让学生按需选择微课，体现了学生学习的个性化；在复杂的分数乘分数的计算中，折纸的方法不易操作，教师可借助信息技术手段帮助学生理解，例如，提供工具软件（五年级学生信息技术水平符合条件），帮助学生快速验证算式结果，以便学生充分探究算法。

四、探究任务

复杂的分数乘分数的计算方法是否和同分母分数乘法的计算方法相同？

五、教学手段

Flash 制作的学习工具、微课。

六、活动过程

教学流程如图 16 所示。

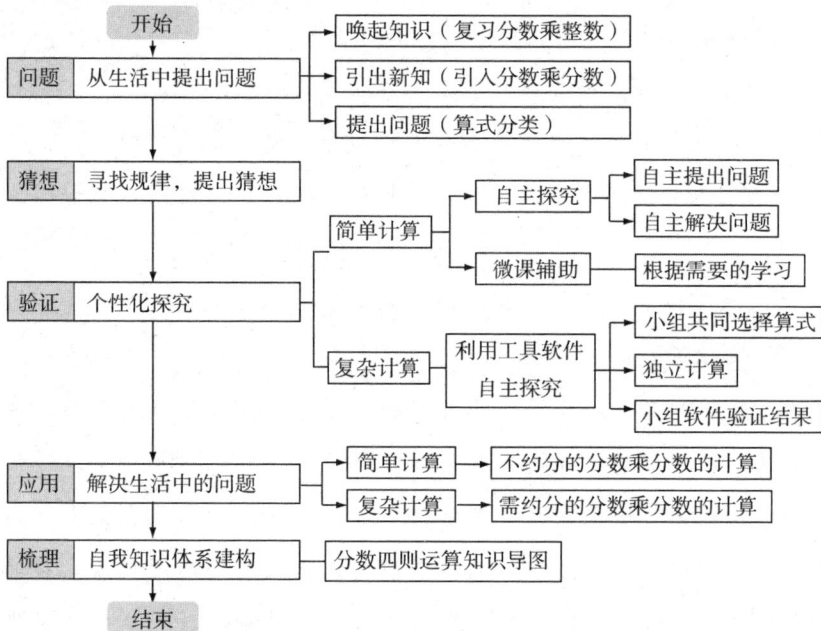

图 16　教学流程

重点看个性化探究分数乘分数的计算方法。

1. 验证简单分数乘分数计算

(1) 自主探究

① 自主提出问题

请学生举例说出简单的分数乘分数的算式。

例如，$\frac{1}{2} \times \frac{1}{3}$、$\frac{2}{3} \times \frac{1}{4}$、$\frac{2}{3} \times \frac{4}{5}$。

②自主解决问题

a. 用猜想的方法计算以上算式。

例如，$\dfrac{1}{2} \times \dfrac{1}{3} = \dfrac{1 \times 1}{2 \times 3} = \dfrac{1}{6}$；$\dfrac{2}{3} \times \dfrac{1}{4} = \dfrac{2 \times 1}{3 \times 4} = \dfrac{2}{12} = \dfrac{1}{6}$；$\dfrac{2}{3} \times \dfrac{4}{5} =$

$\dfrac{2 \times 4}{3 \times 5} = \dfrac{8}{15}$。

b. 验证算式结果。

先折纸，直观得出计算结果，再将思考过程汇集成算式，写在算草本上。

（2）微课辅助

学生根据自己的需要借助微课学习。

（3）小组汇报

学生学习完后以小组形式汇报。

2. 验证复杂分数乘分数计算（无法用折纸来验证）

（1）小组共同选择 3 个算式。

（2）学生独立计算。

（3）小组利用 Flash 软件验证结果。

【样例评析】

本节课采用探究式学习模式，从"如何计算分数乘分数"的问题——猜想分数乘分数是怎样计算的——通过验证算式结果，进而验证猜想方法——将运算方法进行生活应用——通过对分数四则运算知识整理，进而进行自我知识体系建构。在此过程中，信息技术支撑作用重点是微课和技术工具。

通过使用微课，学生可以根据自己的节奏进行学习。教师为学生提供了微课视频，学生可借此进行系统化的知识建构。学生根据自己的需要选择微课学习；已经独立解决问题的学生，可以通过观看微视频进一步验证自己的答案，并且丰富解题方法；对问题尚存疑问的学生，可以通过观看微视频明确问题，并明晰解题方法；对学困生来说，可以通过观看微视频逐步了解问题，学会解答问题。学生通过信息技术手段搭建了探究学习平台，进而实现了个性化学习。

学生利用工具软件自主探究，能高效地验证计算结果，从而留出更多时间发现分数乘分数的计算方法，以便将知识进行生活应用，将信息技术与学习过程整合。

学生利用学习工具快捷、高效地得出复杂的分数乘分数的计算结果，通过大量计算得出结论：简单的分数乘分数的计算方法同样适合复杂的分数乘分数的计算。教师选用恰当的技术支持探究式活动的开展，为学生搭建合作学习的平台，有助于学生发现问题和解决问题，学生经历了探究式学习活动的实施过程，培养了探究能力。

第五节　双师学习模式

案例启思

福建省的一所小学与吉林省的一所小学是远程同步互动课堂教学研讨交流结对学校。两所学校地域跨度大，一所南方学校，一所北方学校，所以地域间存在着诸多差异。两所学校的两位班主任老师在交谈中发现，师生双方对彼此的学校都充满了期待与好奇，对南北方文化差异充满浓厚的兴趣。譬如，福建省的孩子在学习岑参的诗《白雪歌送武判官归京》时："北风卷地白草折，胡天八月即飞雪。忽如一夜春风来，千树万树梨花开。"因为大部分孩子没有亲眼见过雪，无法体会到西域八月飞雪的壮丽景色，怎能理解雪中送客的那种离愁与乡思？怎能感受到作者的浪漫理想和壮逸情怀？而吉林省的很多孩子同样也很难理解并感受"春江潮水连海平，海上明月共潮生""三万里河东入海，五千仞岳上摩天""长风破浪会有时，直挂云帆济沧海"的气势磅礴。

于是，两位教师思考通过什么样的方式，对于一些特殊文本，能够更好地挖掘教材，促进两地间的深度交流。同龄孩子间最有话语感，双师课可以为两地间搭建桥梁，解决此类问题。

问题剖析

我们的祖国地大物博、幅员辽阔，有形如雄鸡的土地，有挺拔如脊梁的巍巍昆仑，有广阔平坦的草原，更有波澜壮阔的江河湖海……不同的区域不仅在自然环境方面存在差异，在生产方式、生活习惯、文化传统等方面也有很大的不同。

在无数文人墨客的眼中，在众多迁客骚人的笔下，描绘出多少地域差异迥然不同的诗篇：

日出江花红胜火，春来江水绿如蓝。（《忆江南》——白居易）

竹外桃花三两枝，春江水暖鸭先知。（《惠崇春江晚景》——苏轼）

接天莲叶无穷碧，映日荷花别样红。（《晓出净慈寺送林子方》——杨万里）

君不见走马川行雪海边，平沙莽莽黄入天。轮台九月风夜吼，一川碎石大如斗，随风满地石乱走。（《走马川行奉送出师西征》——岑参）

大漠孤烟直，长河落日圆。（《使至塞上》——王维）

江南是碧叶红花、江水如蓝，宛如大家闺秀或是小家碧玉；塞北是茫茫黄沙、大漠孤烟，孤影行单，壮士一去不复还。语文学习不只是读一读、写一写、背一背那样浮于表面，而是要让学生能够识记、理解、体验与感受。

地域文化差异不仅表现在环境上，还表现在方言、饮食、艺术、建筑、习俗等方面。比如，普通话是以北京语言为标准音，以北方话为基础方言，以典范的现在白话文著作为语法规范的通用语。1990 年国家教委发布了关于小学普及普通话的通知，并且加大了师资培训。但南方语言繁杂，有时候隔条河隔座山双方语言就不一样了，即使是在同一方言区内，也会有差异，如闽方言区内，又分为福州话、厦门话、莆田话、闽西话等，他们互相听不懂。相比之下，北方语言比较统一，普及程度较高，与普通话差别不大。

南方和北方有着方方面面的不同，比如身高、身材方面，南矮北高、南瘦北胖；饮食方面，南米北面；性格方面，南柔北刚、南细北爽；交通方面，南船北马；建筑方面，南敞北封……

这些无疑为教育教学中文本深度研究提出了难题。

随着时代的发展，信息技术在各个领域上得以广泛应用，如何借助高科技的发展，为课堂教学带来便捷，让学生能够深度学习，我们试图寻找并探索一条路径解决这些难题。

解决策略

双师学习模式，简单来说，是两位教师共同完成一门课程的授课，通常是使开不齐课、上不好课的农村学校或师资相对薄弱的城市学校能与拥有相对丰富的教育资源的城市中心学校同上一堂课。同地区不同学校之间、同一教学集团不同校区之间、同一学校不同教室之间、国内外的教学点之间都可以进行教学交流。每节课借助互联网突破时间、空间的界限，教师同时为多个教室的学生授课，以共享教育资源，提高教学质量。

双师学习模式实质上是基于网络平台，把优质教学资源补给薄弱学校，或进行跨区域交流、同地区教研等，让不同的教与学、不同的文化互相传播，对教育质量、乡村教师专业素养、城乡教育均衡发展、教育公平的实现以及文化的共享均能产生良好的推动作用，体现在不同地域文化环境下，师生的学习互动、白板共享、视频同步等，让学生在互学、共学中构建自主、合作、探究的新型课堂教学模式。实施混合环境下的双师学习模式，推荐教师掌握的信息技术应用微能力点有：A5 技术支持的课堂导入、A8 技术支持的方法指导、B1 技术支持的测验与练习、B2 微课程设计与制作、B6 技术支持的展示交流、B7 自评与互评活动的组织、B8 公平管理技术资源、C5 基于数据的个别化指导。

双师学习模式教学流程如图 17 所示。

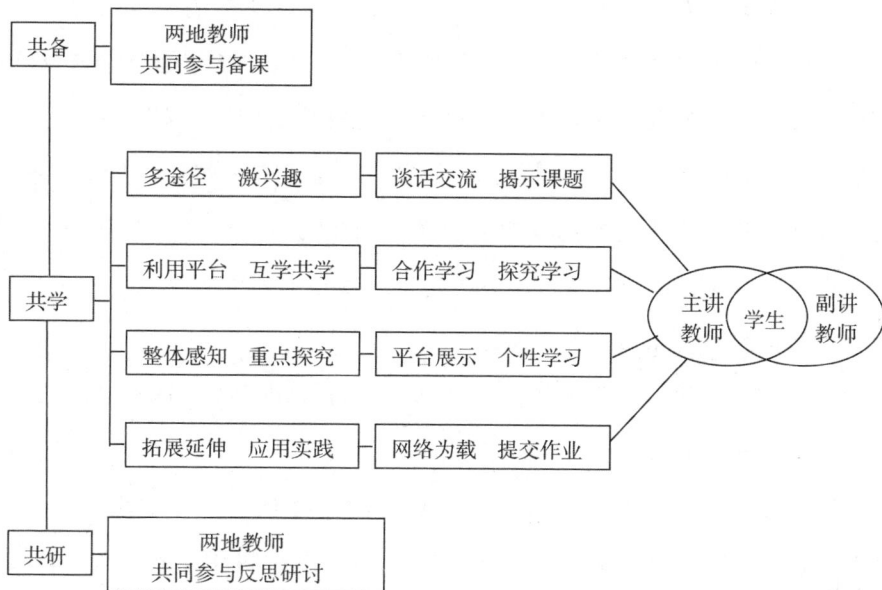

图 17　双师学习模式教学流程

一、双师学习模式，同研共磨，提高不同地域教师的专业水平

在信息技术的推动下，教师的专业成长受到了高度的重视。而在教育资源匮乏的偏远地区，教师的专业成长受到了严重的制约。双师学习模式的开展为各学校提供了一个与名校、名师跨时空互动交流的平台。利用这个平台，我们可以与不同学校、不同教师、不同学生间相互交流，学习他们先进的教学理念和教学经验。学校利用这种模式，将教研交流常规化，以共备、共学、共研——从课前的共同准备、课中的共同教学一起学习，到课后的共同教研，三位一体，进行课堂教学改革探究，共同探索教育教学的新途径。

例如，在教学古诗《悯农》时，在教学准备部分，要达到教学设计的目标。主教老师必须在正式的课堂授课之前 7～10 天提出教案初稿，先通过邮件将教案发送给参与端的辅教老师，让对方了解教学内容与课堂教学方式，再以远程视频或通信软件与辅教老师研讨，然后根据双方讨论结果进行教案修正。通过课前交流，双师探讨适合城市与农村学生的教育教学方法，思考如何让城市的学生体会到劳动的辛苦。在课堂中，城市学生通过与农村学生的探讨交流，体会粮食的来之不易，从而落实教学重难点。双师学习模式不仅能够将优质的师资力量发挥到更大，而且它的覆盖范围很广，只要有网络，就能实现远程在线授课，让更多学生接受到优质的教育，而且线下辅导老师的存在也可以最大程度解答孩子的各种疑惑，让他们能够更加理解学习内容，学习到更多更透彻的知识。

关于共研活动的内容安排，主教老师先进行说课，接着辅教老师给予回馈，然后学科专家和校内教学团队分别从教学设计、教学活动安排、科技运用等不同方面提供具体评价与建议，最后主教老师进行完整的总结与归纳。这种教学模式打破了传统的教学教研方式，突破了时间和地域的限制，实现了异地同步互动，有利于不同环境下教育教学活动的开展。

二、双师学习模式，技术支撑，精准把控不同地域学生的学情分析

教师不仅要熟练地驾驭教材，更要真正了解学生已有的知识经验和心理认知特点，从而确定学生在不同环境、不同领域、不同学科和不同学习活动中预期达成的目标。因此在教学活动中，教师可以在教学前通过技术支持的测验与练习等，为教学内容的取舍、教学方法的选择以及教学起点的确定等指明基本方向，从而更全面地了解学生，例如，教师在课前可以将设计好的一份预习单通过平板移动终端设备分发给两校学生。短短五分钟后，终端平台就自动收集并整理好了数据。根据得到的学情信息，教师及时调整自己的授课方案，根据双方学生的学习差异，安排双方学生进行不同梯度的学习活

动。同样，教学过程中的测验与练习为教师调整和改进当下的教学活动、促进教学有效生成、提高教学质量提供了可能性；通过教学后的测验与练习，教师可知晓教学达成的效果，促进教后反思，为后续教学的预设与调整提供重要的参考指标。

尤其是对生活在不同地域的不熟悉的两个班级的学生，教师只有科学选择测验与练习方式，精准地了解学生，才会做到因生施策、因材施教、因情设教。

三、双师学习模式，激发学生的积极性，提高学生的参与度

爱因斯坦曾说："兴趣是最好的老师。"双师课堂中，完美的同步效果以及多种创意功能，跨越了地域的限制，让不同地域的学生共享教育资源，促进教育优质均衡发展，起到同频共振的效果，开阔学生的视野，扩大学生的知识面，调动学生的积极性，让学生乐于参与、乐于学习。例如，我在讲授"东北印象"一课时，采用的就是双师学习模式，一地是身处东北地区吉林省的小学生，另一地是福建省的小学生，我对学情进行客观分析后，针对"东北印象"设计如下：了解并学习具有典型东北特色的方言这一活动，带着两地学生先说一说、听一听东北话，再猜一猜东北话的意思，让他们学说东北话中的一些特有词语、句子，最后设计东北话闯关游戏。在这些环节中，两地学生你来我往，有问有答，师生互动、生生互动的学习方式，不仅使远在福建省的、对东北文化知之甚少的孩子们简单学习了东北话，感受到我们伟大祖国的幅员辽阔、文化差异，也使东北的学生更加热爱自己的家乡，这是对学习的内化。

四、双师学习模式，资源共享，优势互补，增强多向互动性

双师学习模式中，屏幕里有老师在上课，有同学在积极回答问题，通过屏幕，老师与教室里的学生进行互动，学生们互相交流、分享学习成果。课

堂"主导"的主教教师既要与本地学生进行面对面的课堂互动，又要通过网络与异地分课堂互动。为同时体现学生的"主体"地位和教师的"主导"地位，远程同步互动课堂要关注协同发展过程中产生多种形式的互动，既包括主课堂师生、生生之间面对面的直接互动，还包括两地课堂师生、生生、师师之间跨时空性的间接互动。在这些互动过程中，分课堂教师的角色发生了变化，其不再是知识的讲授者，而是学习的促进者，为直接课堂互动和间接课堂互动提供反馈与引导，促进两地学习者的协同发展。师生之间、生生之间的相互交流、相互解惑、相互启发、相互补充等互动场面，在双师课堂无不精彩展现。在这个过程中，教师与学生分享彼此的思考、见解和心得，交流彼此的想法、观点和情感，丰富教学内容，求得新的发现，从而达到共识、共享、共进。如在讲授"Welcome to Sanya!"一课时，全国各地的学生都可以和三亚市的学生共同上一节远程同步互动课，主讲教师可以设计这样的问题："你能在地图中找到你的家乡和三亚市吗?"学生在白板中找一找，指出自己生活的城市，直观地感受到距离的遥远。接着老师提高要求，指导孩子们用英语说出自己家乡的特色，在交流中，学生对彼此家乡文化有了更深入的了解，由传统的单向传递转变为多向互动，对话学习才是最有效的学习。

五、双师学习模式，利用多种平台，提高课堂教学效率

双师学习模式主要是借助录播设备，通过网络将在线互动教学、课堂音视频互动等相结合，一方面可以实现异地远程同步课堂，另一方面可保存课堂视频，供学生课后点播下载自主学习，形成优质教学资源。

双师学习模式不同于传统的视频教学，传统的视频教学只支持同步语音视频，而双师学习模式的"远程同步互动课堂"系统要优于传统远程视频，其文字显示区域与白板区域可以进行互动，增加了可视性，使一些不容易理解的问题可在文字显示区域和白板区域再现，任课教师可以直接利用白板进

行分析讲解、书写等，数据可以实时同步传到异地他校，如同在一个课堂上，这就突破了传统远程视频的局限。老师的图解和文字叙述给学生以直观的感受，能提高学生的理解能力，从而提高课堂教学效率。

双师学习模式还配备了视频录制功能和展示台，这更有利于提高课堂教学效率。教师通过视频录制功能把学生学习的过程录制下来，形成过程性学习资料，并在其中发现问题、解决问题。教师通过展示台展示学生的作品，让学生欣赏，通过同步软件共同为作品打分，让同学们更直观地认识到学习的成效；教师现场批阅、现场讲解，让学生一目了然，让他们知道自身存在的问题。

双师学习模式在理化实验方面更有其意想不到的妙用，弥补了传统实验的不足。在理化实验中，有些仪器可见度小，演示实验效果差，教师讲解示范起来也非常吃力。农村中学更是缺少教学仪器，而老师借助网络资源，利用远程同步课堂，将微观的、不可见的、抽象的、难以解释清楚的实验展示在学生面前，逐层分析，深入讲解，使之形象化、直观化，大大提高了课堂教学效率。

样例展示

一、教学内容分析

"爱美的梅花鹿"是长春版小学语文四年级下册"寓言故事"单元中的一篇讲读课文，讲的是一只梅花鹿在饮水的时候，欣赏自己美丽的样子，特别赞美自己美丽的双角，同时抱怨自己的腿太干巴，结果当它遇到危险时，正是腿让它获得安全，而高兴之余是美丽的角让它陷入危险之中，从而揭示了一个深刻的哲理：漂亮的东西不一定实用，最该珍惜的东西往往是朴实无华的。

二、教学对象分析

小学四年级的学生和低年级学生相比具有比较强的自行探究能力,学生在观察能力、思维能力、语言表达能力方面都有了较大的提高,他们有着强烈的好奇心与动手操作的能力。他们喜欢在自己的探索中获取知识,喜欢在玩中学,喜欢在做中学,喜欢在想中学,喜欢在用中学。

三、教学环境分析

在教学中,教师利用多媒体交互式电子白板、iPad,把 PPT 课件转化成可供孩子们操作的实际工具,使书本的内容由静态变成学习活动的动态,为学生提供学习的资源,让学生变被动式学习为主动式学习。教师通过丰富便捷的工具和反馈交流的平台,了解学生学习的情况,帮助学生解决问题,提高课堂效率。

四、教学目标确定

语文课程标准中对于四年级语文教学目标有如下阐述:"对学习汉字有浓厚的兴趣,养成主动识字的习惯。""用普通话正确、流利、有感情地朗读课文。""能初步把握文章的主要内容,体会文章表达的思想感情。"教师根据"课标"的要求,结合教材和四年级学生的年龄特点,从知识与技能、过程与方法、情感态度与价值观三个维度来确定本课第一课时的教学目标:

1. 学生能够认识 13 个生字,学会 10 个字,能正确、流利、有感情地朗读课文。

2. 通过谈话交流,学生自主合作学习生字,提高识字能力;通过读书感悟、探究交流,了解故事的内容。

3. 品味生动形象的语言,体会梅花鹿爱慕虚荣的性格特点,为体会寓意做好铺垫。

五、教学重难点

教学重点:认识 13 个生字,学会 10 个生字。

教学难点:品词析句,体会梅花鹿爱慕虚荣的性格特点。

六、教学策略与教学方法创新

本节课在互联网技术支持的条件下，采用远程同步互动课堂的双师学习模式，利用交互式电子白板辅助教学，有以下特点：

1. 游戏导入，激发兴趣——交互　自主

厦门与长春"远在天涯，却近在咫尺"。一个小小的屏幕把 80 多个孩子联系在了一起。为了拉近学生们之间的距离，教师在课的伊始用电子白板的聚光灯功能设计了一个小游戏，让孩子们看图猜动物。

2. 资源共享，优势互补——共学　互学

长春版教材注重汉字的字理识字。在游戏的尾声，教师出示一张"鹿"的甲骨文，让厦门阳翟小学的同学们来猜，长春树勋小学的同学们来补充。互学共学的合作促进了学生的思维发展，体现了教学资源的优势互补。

3. 课前微课、二维码反馈——便捷　精准

本课生字中有四个生字是带有口字旁的字，均以叹词和拟声词在文中出现，所以教师录制了一段微课视频，让树勋小学和阳翟小学的学生进行课前学习，让他们了解叹词与拟声词的区别。在课堂上，教师通过扫描二维码了解学生做的练习题情况，网页上出现了学生们精准的回答。

4. 互动练习，检测成果——趣味　智能

教师利用交互式电子白板，通过网络传输，让两地的孩子们同步在一起PK 做练习，调动了学生参与的主动性，激发了学生的合作情趣。

5. 白板同步，个性化阅读——合作　探究

教师通过形象直观的音乐、图片、视频等手段，让学生把抽象的文字经过认知、加工、转化，变成对课文的感性认识，利于学生深刻理解文字背后所表达的含义。最后教师让学生通过朗读生成独特的体会，让学生在读文中去体味、去感受、去琢磨、去提升、去创新。

七、教学过程、方法及整合点

表5　教学过程、方法及整合点

步骤	目标与内容	教学方法	整合点与软件
一、以图猜物，拉近距离，激发兴趣	同学们，我是吉林省长春市树勋小学的张老师，你们好！（向阳翟小学的师生打声招呼），今天我们共同来上一节课。 上课之前，老师和大家做个小游戏——猜动物，不过猜到之后，要把你对它的了解给我们大家讲一讲，好吗？树勋的同学们先来猜一个，然后阳翟的同学们猜第二个…… 第四个阳翟的同学们知道是什么动物吗？（鹿字的甲骨文）树勋同学来补充	谈话法	【设计意图】通过交互式电子白板的探照灯功能，调动学生感官，激发学生的兴趣，拉近学生之间的距离。 【软件】PPT、交互式电子白板
二、利用平台，资源共享，合作学习	1. 范读课文，读准字音 同学们打开书，听老师读课文，听清每个字的字音。 试着借助书下注释，自己读一读，把字音读对，并和同桌说说你是如何记住和使用这些字的。 2. 合作学习，交流生字 （1）利用交互式电子白板的探照灯功能，逐个考查学生的掌握情况； （2）利用书写、录制和回放功能，提供易写错汉字的书写笔顺； （3）利用拖曳功能，为易读错的字选取字音，为词语在不同的语境下选取恰当的汉字解释； （4）利用交互式电子白板自带的工具与资源，直接对学生学习生字时生成性的问题进行及时的解决。 3. 指导书写，平台展示 （1）对于中年级的学生，教师利用交互式电子白板相关软件，随机选取学生认为书写有难度的字，通过笔顺、笔画的观察，确定书写位置。 （2）通过教师的范写、学生的范写，用iPad投屏到大屏幕上，学生观察写字过程	范读 课件 自学法 谈论法 操作法	【设计意图】身处福建省阳翟小学的师生们，由于历史和地理的原因，方言较多，他们的普通话带有严重的地方口音。身处东北的我通过标准的普通话范读，把远在异地的师生们带到文本的语境中。在屏幕的另一边，40多个孩子身临其境般地与我们共同学习、共享资源。在此，远程同步互动教学为我们两地搭建了一座优势互补的平台。 【软件】PPT、交互式电子白板

续　表

步骤	目标与内容	教学方法	整合点与软件
三、整体感知，重点探究，解读文本	1. 初读课文，理清脉络 同学们，让我们再次走进文本，要求运用略读的方式快速阅读文章，完成电子白板上的问题。 请两地的同学们同时在电子白板上按原文填空。 2. 品读人物，抓住特点。 同学们，根据电子白板上的自学提示，找出相关的句子，说说你的感受和体会。 教师随机指导出示"模特""芭蕾舞演员"的图片，让学生体会梅花鹿的骄傲。当梅花鹿赞美自己的双角像珊瑚而不是猴子一样的秃瓢儿时，教师出示了两张图片进行反差对比，帮助学生体会梅花鹿爱慕虚荣的性格特点。 后来一只凶猛的狮子来攻击梅花鹿，它的命运会怎么样呢？下节课我们继续学习		【设计意图】教师利用多媒体帮助学生理解课文内容，例如，梅花鹿在河边孤芳自赏时，教师出示模特、芭蕾舞演员的图片，让学生体会梅花鹿的骄傲

【样例评析】

双师学习课堂模式依靠网络进行视频、音频实时传输，并利用电子白板同步功能实现学生远程同步学习，让薄弱学校的学生也能有机会听到国内优秀教师的课，并有本校教师的辅导。其中，小组成员利用电脑进行合作学习，实现了多向互动。主课堂的老师进行授课，外校学生不仅可以看到、听到课堂实况，还可以提问和回答、交流与体验。这种新的教学方式不仅有利于提高教师的专业化水平，调动学生的积极性，激发并保持学生的学习兴趣，还有利于实现教育资源共享，促进不同地域间的教育优质、均衡地发展。

第六节 主动参与式学习模式

案例启思

　　张老师参加了一次大型教学观摩活动，分会场的小礼堂座无虚席。数学计算课上，教师教态亲切，设计环环相扣。可课上到一半时，突然传来一种奇怪的声音——鼾声。天哪！身边听课的老师竟然睡着了！张老师不禁暗暗感叹，感叹之余，她回头一看更是大惊失色——有近一半的老师没有认真听课，或小声说话或打瞌睡。再看看台上"辛苦忙碌"着的老师，张老师除了同情，更多的是反思……

　　是什么在"催眠"？仅仅是因为下午听课疲劳吗？这用来解释一位老师倒是可以，但是这"近一半的老师"又做何解释？回眸课堂：为了引出算式，老师煞费苦心，又是创设情境，又是动画演示，教师的精心安排，牵着孩子一步步完成她的设计，这种"花架子式"的教学没有体现学生的主动学习，显然不能激荡起听课教师内心中的阵阵涟漪，致使"事倍功半"。

问题剖析

　　课堂上很少看见学生之间的交流、观点的交锋和智慧的碰撞，学生的学习始终处于被动接受状态。课堂中的师生对话都是简简单单的你问我答，缺乏质疑问难，束缚了学生的思维发展。学生缺少自主探索、合作交流、独立获取知识的机会，很少有机会表达自己的观点和意见。虽然教学手段"千变万化"，但是"繁花似锦"的背后还是传统的"牵引式"教学，从而导致前来听课的教师也没有融入课堂，觉得"索然无味"，悄悄打起了瞌睡。

课堂真正吸引人的并不仅仅是外在的手段。怎样引导学生以一个积极主动、有发展和创造潜能的自由个体进入教育过程中？如何营造一个学习场所，让每个身处其中的学生都能自主地参与学习过程，展示自己独特的学习体验？怎样在教学中调动学生源于内心的主动参与需要，培养学生主动参与的意识，引导学生掌握主动参与的方法，让学生学会参与思考、参与实践、参与讨论和创新、参与展示，养成主动参与的习惯，发挥他们的积极性、主动性、能动性？这些都是教师应该思考的问题。

解决策略

主动参与式学习模式可以有效破解这些难题，是一种以营造民主、平等、和谐的课堂氛围为前提，以调动学生的学习愿望、唤起学生个体发展需要为核心，以学生在情感、思维、动作等方面积极、主动、愉悦地参与学习过程为基本特征，让不同层次的学生都拥有主动参与和主动发展机会的一种教学模式。主动参与教学思想的核心内容是学生主动参与、主动发展，培养目标是落实学生主体地位，全面提高学生素质。

在教学中，教师通过引导作用鼓励学生积极参与，使学生的主动性学习贯串教学的全过程。

实施混合学习环境下主动参与式学习，推荐教师掌握的信息技术应用微能力点有：A5 技术支持的课堂导入、A11 评价量规设计与应用、B1 技术支持的测验与练习、B4 技术支持的发现与解决问题、B5 学习小组组织与管理、B6 技术支持的展示交流、B7 自评与互评活动的组织、B8 公平管理技术资源。

一、培养学生主动参与的意识

教师要在教学过程中激发学生的参与热情，强化学生的参与意识。推动学生学习的内部动力是学生对于学习的需求和愿望，有了学习动力，学生才会积极主动地参与学习活动，不至于按老师的指令机械、被动地学习。

（一）精心创设问题情景，引导学生主动参与

在课堂上，教师通过引导作用，让学生的主体地位得以充分体现，充分发挥学生学习的主人翁精神，使学生全身心地参与到学习活动中去，激起他们主动参与的欲望。因此，教师在课堂上不断精心创设问题情景，激发学生的求知欲，让学生对学习产生兴趣是必要的。兴趣是最好的老师，以问题为导向，创设情景是学生产生学习兴趣的基石。在学习活动中，教师应让直接和间接的兴趣情景相互交融，有机结合，贯串课堂始终。缺乏兴趣，学生学习就会枯燥乏味，无法长久持续，因此，教师要善于把教材中的问题转化成生动形象、富有情趣的素材，创设轻松、愉悦、富有趣味性的问题情景，以调动学生积极参与学习活动。

（二）精心设置动手操作平台，激发学生主动参与

学生在动中学，在学中动，人人都动手操作实践，人人都积极思考，学习兴趣浓厚，主动参与，全程参与，真正成为课堂的主人。为了让学生通过动手操作达到主动参与学习活动的目的，教师要把握合理的操作时机，适时、适宜地组织学生动手操作实践。例如，鉴于小学生抽象概念比较差，在教学"几分之几"这个分数概念时，教师让全体学生参与折正方形纸的操作活动。通过不同折法，学生初步感知到"几分之几"这个概念。要激发学生主动参与学习的欲望和兴趣，动手操作实践是课堂教学中一个重要的、关键性的环节之一，因为动手操作实践既有利于加强数学与生活的紧密联系，又能培养学生主动探索知识的精神，还能激发学生的学习兴趣，有助于培养学生探究新知的方法和能力，从而使学生普遍感到精神上的满足，体验到成功的愉悦和学犹未尽的感觉，从而让学生自觉主动地参与学习活动。

（三）有效开展小组合作学习，激励学生主动参与

在课堂教学中，有效开展小组合作学习活动，在主动参与、合作交流中完成课堂学习任务，是新课程理念下对数学教学的要求，其目的就是让每个

成员都自觉参与学习过程，让学生学得生动活泼，品尝到成功的喜悦。它体现了教学活动中动态因素的多边互助，让生生互动占据课堂教学的重要地位，把学习的主动权交给学生，给他们思考和表现的机会，形成人人教我，我教人人的良好学习氛围，一个人回答不完整或遇到困难，其他同学及时补充，改变了传统集体教学师生单向交流、老师教学生学的被动局面，有利于发挥学生学习的积极性、主动性、创造性，真正体现了以学生发展为本，激活了课堂教学，达到全面提高学生素质的良好效果。在小组合作学习中，教师要想让学生主动参与、人人参与，就要经常培养学生认真思考、大胆发言、合作实践的良好习惯，让学生学会倾听别人的发言，教师也要把握好恰当的合作学习时机，当学生独立思考出现困难或仅靠个人的思考不全面时，及时组织小组合作学习，让小组内成员相互讨论、相互交流、相互补充，达到主动参与、共同学习、共同进步的目的。

二、培养学生参与实践的能力

教学实践告诉我们，教学过程是以学生的某种学习状态作为基础的，而学生以什么样的学习状态进入和进行教学活动，对教学效果有着十分重要的影响。主动参与式学习模式强调学生以积极主动的学习状态参与学习的全过程，而不是教学的某一环节，根据学生参与学习的状态形式及其特点，我们确定了与学生参与过程相对应的四环节教学过程，即启发诱导、激情讲授、适时点拨、拓展延伸。

（一）启发诱导

启发诱导是指教师为使全体学生尽快进入学习状态，使学生积极主动参与学习活动所采取的一系列教学措施，它和学生的寻求参与层次相对，同时与其一样，不仅仅限于课前的诱导，它应该贯串教学的全过程。它包括下列几种情况的启发诱导：（1）指导课前准备。（2）指导新课预习及提出预习思考题。（3）指导课初学，提出初学思考题。（4）引导课中再学，深入重点问题。（5）指导课堂讨论，引导解决问题。（6）引导发现问题，拓展学生思维。（7）引导课末归纳形成知识结构。（8）引导课末检查、反馈、调节、评价，其操作策略有引趣、激情、设疑、启思等。

（二）激情讲授

"授人以鱼，不如授之以渔"，这里强调的是方法论的主动参与教学思想。尊重学生的主体地位，充分发挥学生的主体性作用，比较重要的一点就是教师重学习方法的传授，让学生将获得的学习经验用于实践，以求得更大的发展。这个环节的实施一般应在新知识的学习中，先让学生尝试，教师结合学生的尝试情况，归纳出学习方法，让学生反思，然后教师引导学生运用已形成的经验去解决新的问题。教师授法于学生，不仅强调教师感情的倾注，而且十分强调学生情感的投入。为了使学生明了、掌握学习方法，教师一方面必须深入浅出，悉心指导；另一方面必须关心学生，肯定学生的进步，随时调控学生的情绪，使学生在学习中充满信心。

（三）适时点拨

教师对学生在参与学习过程中的"惑"给予适当点拨，这既为学生参与学习扫清障碍，又将鼓励学生以更高的热情参与学习活动，"点拨"本身以强调学生主体性为出发点，不是传统的"讲授法"，而是注重启发式，在学生踮着脚尚够不着的情况下，教师给予搭桥、铺路、垫底，让学生"跳一跳，摘果子"。这个教学环节针对学生的探究参与设计，解决深层次学习的问题。常用的点拨方法有引向纵深、增设台阶、变换角度、联系已知、对照比较等。

（四）拓展延伸

拓展延伸指学生在进行一定量和质的参与基础上，通过活动、练习等操作进行综合性参与，群体情绪共鸣，一定程度上保持兴奋状态，教师在此基础上引导，以学生为主进行总结，并转化为条件学习形式的综合性活动。其目的主要是开拓学生思维的深度和广度，使学生的思维、思想进入新境界。

教师要做到这一点，除了要遵循思维的一般规律和依托客观事物的引导外，还要充分发挥学生思维的个性因素、个人特点和专长，只有这样，才能达到目的。这个环节主要是引导学生进行创造性劳动，属于高层次的教学活动。

三、主动参与课堂教学评价

课堂教学评价就是对课堂教学这个特定的时间和空间内教学目标的实现程度做出相应的价值判断，它具有导向、激励、鉴定、评比、调控等功能。按照基础教育改革的要求，构建一个科学、规范的课堂教学评价标准，是推进课堂教学改革、实现课堂教学素质化的有效措施。

由于评价对象的不同，形式单一的评价难以恰如其分地进行客观评价。因此，主动参与式课堂教学评价强调评价方式的多样性。它分为"自评"与"他评"两类，其中"自评"包括学生自我评价和教师自我评价；"他评"又分为学生对教师的评价、教师对学生的评价和学生交互评价。

（一）学生自我评价

课堂教学中学生自我评价是学生对自己的学习情趣、学习方法、学习过程、学习效果的审视，也是学生自我认知的过程。学生按照情感投入程度、课前准备程度、思维参与程度、语言表达程度、实践操作效果、作业完成效果、知识掌握效果等对自己的每次学习、活动进行审视，并在互评中发扬优点，弥补不足，使自己的学习、活动在自我评价的过程中不断加大参与度、培养创新能力。

（二）教师自我评价

教师对课堂教学的自我评价是教学评价过程的一个重要环节。教师通过自我评价可以总结经验，革除弊端，不断创新，给课堂教学注入活力，达到认识自我、提高自我、完善自我、超越自我的目的。教师课堂教学的自我评价实际是教师在教学过程中变换角度，从"教育者"变为"受教育者"，从主观上审视教学，从而丰富教学经验，提高自己的课堂教学水平。

（三）学生对教师的评价

魏征曾经说过："以铜为镜，可以正衣冠；以史为镜，可以知兴替；以人为镜，可以明得失。"在教学活动中，教师可以通过观察、访谈或问卷调查等形式及时了解学生对自己的评价，扬长补短，达到"教学相长"的理想效果。

（四）教师对学生的评价

教师对学生学习中所表现出来的动作参与、思维参与、情感参与进行肯定、保护、鼓励的评价能促进学生主动、愉悦地参与课堂教学。课堂教学中，教师可以通过亲切自然的语言、委婉含蓄的体态（表示感兴趣的态势语、表示满意的态势语、表示亲切的态势语、表示询问的态势语、表示惊奇的态势语）等方式来实现对学生及时、有效的评价。

（五）学生交互评价

学生交互评价指课堂教学中学生之间的相互轮流或按一定规律顺序，以一定的组织形式对学习效果进行评价。它是教学中学生协作性的互动行为。在交互评价过程中，学生可以运用不同语言、不同的动作及表情参与评价。这样，无论是评价者还是被评价者，都在接受着信息。交互评价能达到共同提高的目的，也能改变教师一"评"定音的僵化局面，进一步开放课堂教学，创设民主和谐的学习氛围，让不同层次的学生都拥有主动参与和主动发展的机会。

样例展示

小学数学北师大版二年级"'重复'的奥妙"教学设计

一、教学内容

这是一节综合与实践课，课上教师让学生主动探索规律，旨在激发学生的数学学习兴趣，让学生体会数学知识之间、数学与其他学科之间、数学与生活之间的联系。

作为"探索规律"的起始课，教师以主题情境图为载体，放手让学生从具体的事物中，通过观察和思考去寻找"重复"的奥妙，并尝试用自己喜欢的方式表示这些简单的重复的规律，寻找规律的特征和生活中的重复现象。本课让学生获得符号化思想，为后续学习用字母表示数、运算定律和变化规律、数量间的关系、公式等基础知识做铺垫。

二、教学目标

"课标"中关于综合与实践的阐述："综合与实践"是以一类问题为载体，学生主动参与的学习活动，是帮助学生积累数学活动经验的重要途径。针对问题情景，学生借助所学的知识和生活经验，独立思考或与他人合作，经历发现问题和提出问题、分析问题和解决问题的全过程，感悟数学各部分内容之间、数学与生活实际之间及其他学科的联系，激发学生学习数学的兴趣，加深学生对所学数学内容的理解。教师根据新课标的要求，结合教材和二年级学生的年龄特点，确定本节课的教学目标：

1. 知识与技能：在观察、操作、思考、讨论等数学活动中，了解简单"重复"的规律，能用简捷符号表达"重复"的规律。

2. 过程与方法：在利用学科工具感知、体验、发现和表示规律的过程中，体会集合思想、变中不变思想、符号化思想以及归纳思想，积累数学思维活动经验。

3. 情感态度与价值观：感受"重复"的规律与现实生活的密切联系，体会"重复"的奥妙，体验数学的神奇，激发学习的乐趣。

三、教学重难点分析及解决办法

教学重点：通过观察、描述、表达等活动发现和表示"重复"的规律。

突破方法：充分利用信息技术的优势，让学生利用学科教学平台，直观操作，感悟"重复"的特征；利用推屏演示，共享知识的形成过程；利用微信群，实现多元交流。打破封闭的学习方式，在合作交流中体验数学。

教学难点：依据个性特点选择自己喜欢的方式表示规律、运用规律、创造规律。

突破方法：为学生提供研究问题的空间和学科教学平台，使学生在操作、观察、思考交流中感悟、体验，积累数学活动经验。

四、教学过程

教学流程图如图18所示。

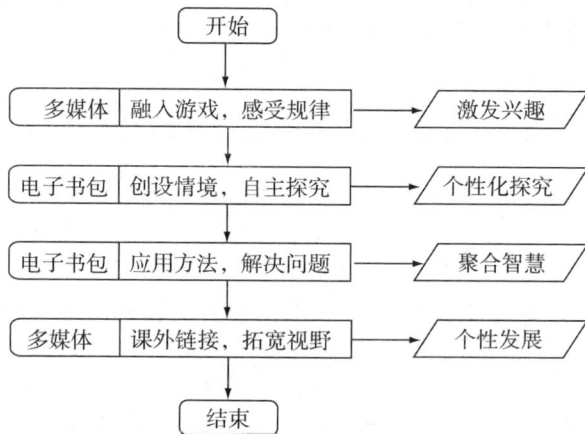

图18　教学流程图

（一）融入游戏，感受规律

小游戏：比比谁的记忆力好。

课件出示两组数据，给5秒钟时间记忆，比比谁的记忆力好。

（二）创设情境，自主探究

1. 发现规律——身临其境，拓展自主学习空间

师：蒙古族有一个传统的节日叫那达慕节，你们看，一年一度的那达慕节又到了，人们穿上传统的服装在蒙古包前载歌载舞，庆祝节日。

师：仔细观察，活动现场有哪些物品？这些物品有什么规律？请你打开电子书包中的学案，点一点你看到的东西，再圈出物体的规律。

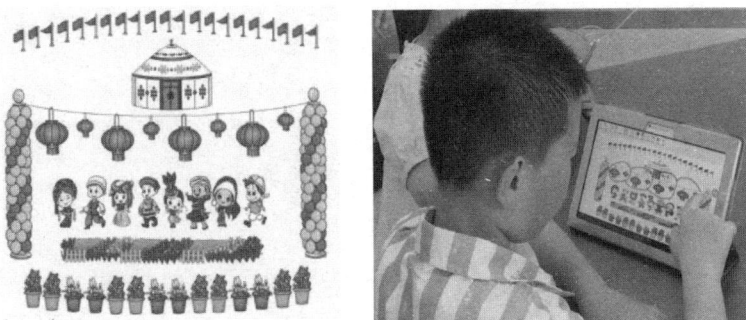

图 19 插图

预设生 1：图中有彩旗、灯笼、队伍、气球、花坛、盆花……

预设生 2：灯笼：大小大小……队伍：男女男女……彩旗形状：长方形长方形三角形长方形长方形三角形……彩旗颜色：红红蓝红红蓝……

2. 表示规律——汇集成果，让"再现"更有温度

师：同学们真棒，这些规律可以怎么表示呢？你想怎么表示？请同学们选择你最喜欢的一组规律，用自己喜欢的方式把它表示出来。

师：分享的时间到了，请看大屏幕，谁给大家介绍一下你表示的是什么规律？它除了可以表示灯笼的规律，还可以表示什么规律？

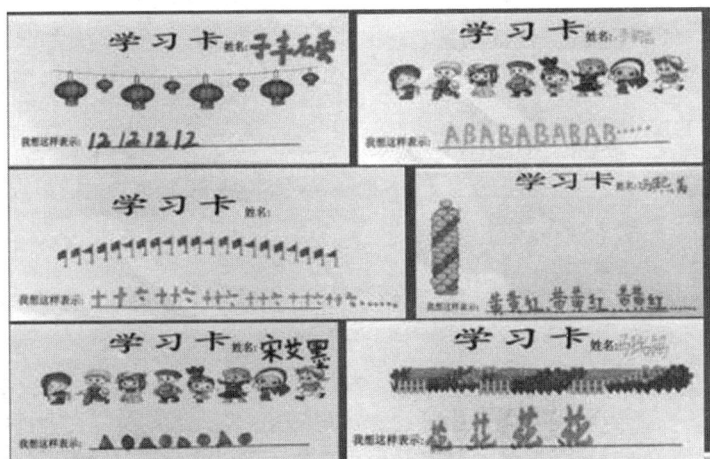

图 20 成果展示

师：同学们真了不起，能用这么多种方法来表示规律，这些规律有什么共同的特点呢？

生：不断重复，周而复始。

师：说得真好，我们研究的就是"重复的奥妙"。

（三）应用方法，解决问题

师：轻松过后，你们敢不敢用新学的知识接受我的挑战？电子书包中有四关，请你按照自己的喜好选择过关。前三关为自选，第四关为必选。

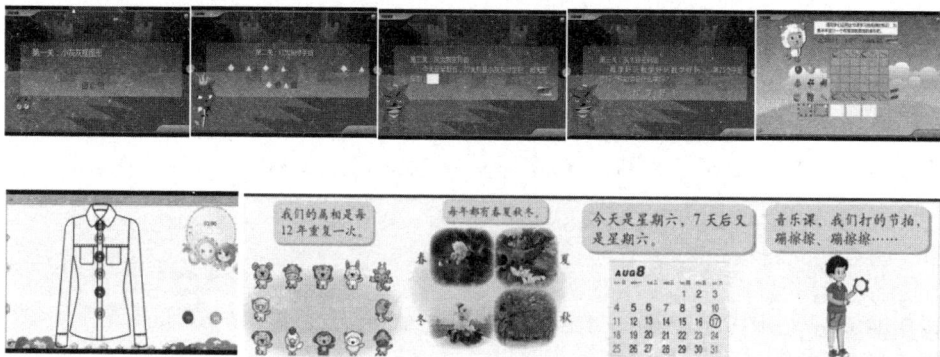

图 21　闯关游戏

（四）课外链接，拓宽视野

师：时间过得真快，马上就要下课了，这节课你们有什么收获？这些规律都是从哪里来的？是的，规律从生活中来，生活又与数学密不可分，我们的生活因为有了规律，变得更加美丽。你能用手机拍下生活中的"重复"美，发到班级微信群里和大家分享吗？

图 22　学生拍摄的照片

【样例评析】

1. 教师能够通过提供资源，对学生实施主动参与式学习，让每个学生都实现自己的目标

新课开始游戏的创设有效吸引了学生的眼球——见其形，入其境，不但调动了学生的热情，学生还在强烈的对比中体会到"有规律"地排列很好记，在"玩"中真正走上探究"重复的奥妙"的道路。

教师利用多媒体，创设生动有趣的"蒙古族人民庆祝那达慕节"的情境，使学生身临其境，然后直接用问题引领的方式——让学生观察活动现场有哪些物品和这些物品有什么规律。学生利用电子书包中的闪烁功能逐一展示他们发现的物品，再利用"圈画"功能圈出主情境图中物体的规律。教师利用推屏演示展示孩子们的"思考轨迹和思考成果"，使课堂由静态的灌输变为动态的呈现，学生以直观的操作，展现"重复"概念的形成，教师不用多讲，学生不用费劲儿就能明白"重复"这一道理，事半功倍。

2. 搭建"思维互动"的平台，实现智慧共享，培养创新能力

教师让学生自主选择一个内容，用不同的方式表示规律，学生完成后，把学习成果拍照上传，投屏展示。在这样开放的探索空间中，教学过程呈现出双向的交流、动态的建构，学生在用声音、动作、画面、文字、符号等不同的表象去描述这些规律的同时，进一步感受到用图形、符号等表示规律的简洁性，并且明显地感受到这些规律的特征就是"不断地重复"。通过符号与实物的一一对应，学生能体会符号化思想。

教师借助多媒体实现了课内与课外的融合，此时视频与图片的共享不仅增加了课堂信息量，丰富了学生的学习内容，更有效地使知识变成了智慧和技能。

3. 为学生拓展学习空间，让知识转化为智慧和技能

"应用方法，解决问题"环节设计了四关，第一关为多角度思考，接着画，增添了练习的趣味性；第二关提供多个创新的舞台，让学生发挥自己的想象，创造规律，既培养了学生大胆创新的意识，又使学生的思维能力得到了很好的锻炼，学生的动手能力得到发展；第三关为用规律解决问题，提高学生的综合能力；第四关为寻找生活中的重复现象，将知识还原到生活场景中，让学生感受数学知识与生活的紧密联系。电子书包的使用实现了一对一的个性化学习，学生利用丰富的资源，用自己的方式、自己的节奏，实现了自我的目标。

第二章
混合学习环境下的学情分析

开 篇 小 语

混合学习环境下的学情分析，即对学生在学习方面有何特点、学习方法怎样、习惯怎样、兴趣如何、成绩如何等通过一对一技术手段进行分析。设计理念包括教学方法和学法指导以及教学设想的分析。奥苏伯尔和加涅等心理学家的研究表明，学习者对某项即将学习的内容的掌握程度是教学成败的关键。因此，在教学前，教师应从学习者的能力、学习者的一般特征、学习者的学习风格及学习动机等方面对学习者进行分析，以此作为教学设计的依据，这样不仅有助于教师找准教学的起点，科学有效地选择和组织教学内容，确定教学目标，安排教学活动，使教学设计更有针对性和科学性，也更符合"以学定教"的教学观，以学生为中心，以学生的实际情况为教学的出发点。由此可见，做好学情分析，对于教学目标的设定及课堂教学有着重要的意义。

技术支持的测验与练习

案例启思

　　高老师工作多年，在上课之前精心设定教学目标，制作课件，完成教学设计撰写。高老师在教案呈现上，除了教学目标、教学内容、教学重难点、教学准备、教学过程之外也会完成学情分析。学情分析中常常会出现"学生已经对……有了初步认识"这样描述性的语句，或者是对学生的年龄特点、情感态度等进行描述。

　　一次，高老师在讲授"克与千克"这部分内容时，在教案学情分析中描述了学生的心理特点，分析了学生知识层面与经验层面的现实情况，把本节课的教学目标定位为：在具体的生活情境中，使学生感受并认识质量单位克和千克，初步建立1克和1千克的观念；在建立质量观念的基础上，培养学生估量物体质量的意识。高老师还特别在教学中关注学生的真实体验，力求在情境中唤起学生对物体质量的关注；通过操作、实践活动让学生去感悟和体验。课堂上，高老师让学生看质量、估质量后，以常见的"1个鸡蛋50克""20个鸡蛋1千克"等物体质量让学生记忆，沟通克与千克的联系。上完课后，高老师觉得课堂设计没有问题，课堂教学中也完全落实了学习目标，学生在活动中积极参与、主动探究，知识点掌握应该没有什么问题。不过，课后学生在练习中还是出现了"一只公鸡50千克""1千克铁比1千克棉花重"等错误。高老师很苦恼，自问：为什么与自己预想的效果不一样呢？

问题剖析

　　究其根本在于，学生的原有经验与新知学习脱节，没有深度融合。课堂虽有自主探究，但学生没有建立清晰的质量概念，并且受到了体积概念、密度概念的影响、干扰，质量认知没有得到发展、深化。教师在教学中对学生的认知状态无法精准分析，往往容易产生教学失调，或在低估状态下"狠用劲"，或在高估状态下"满头汗"。当学生的已有知识经验、生活经验与新知识无法对接、处于断裂状态时，学生的认知就无法得到发展，学生就无法穿越最近发展区，容易产生习得性学习心理障碍。

一、存在的问题

（一）学情分析缺乏理性认识

不少教师在进行学情分析时主要凭借教学经验，自认为能提高教学的有效性。当前在小学数学领域，学情分析还存在很多问题，如教师缺乏学情分析的意识，学情分析缺乏理性认识，部分教师认为自己工作多年，已有丰富的教学经验，足够了解学生，但这种学情分析是浮于表面的，不够深入。教师对学情分析缺乏理性的认识和正确的分析，会使得教学目标定得过高或过低，并直接影响教学策略的选择，从而影响教学效果。学情分析应该依据每一位学生的学习情况或者班级的普遍现象，即便教师有几十年的丰富教学经验，也常常会步入误区。教师自认为每天和学生们在一起，很了解他们的实际情况，可世界上没有完全一样的两片树叶，学生们又怎么能一成不变呢，没有关注到个性化和普遍性的学情分析都是缺乏理性认识的。

（二）学情分析缺乏科学方法

有些教师也认识到学情分析应基于教学实际，承认其重要性，但是由于教学理念陈旧，导致分析方法单一，学情分析缺乏科学性和实效性。

很多教师在进行学情分析时主要是想当然的考虑与分析，常常从经验出发，学生们也许会是自己想象的样子，此外便不知如何下手，不知道该具体关注什么、分析什么。比如，数学讲评课上，这些教师只会就题讲题，不会根据数据分析帮助学生建立模型。一节课下来，学生收获甚微，不了解自己错误的根源，更谈不上寻求避免此类错误的措施。

设计学生试卷（或作业）分析对照表可以解决这个问题。教师为全部或部分学生每人设计一表，将他们每次测试的错误情况详细记录在表中，并进行量化的对比分析，从而发现倾向性、特征性的问题以及变化动态趋势，区分其中的积极因素和在班级、年级、区（县）内群体中的偏离倾向，确定需要指导的重点问题和学生可以自觉纠正的简单问题。教师结合对前一段学情分析和因材施教的设计进行反思，形成阶段性的学情分析报告和今后教学设计中需要注意的相关事项及措施。这是学情分析的重要部分，教师从作业和试卷的对错中判断学生掌握了哪些知识，有哪些知识需要强化巩固，有哪些知识掌握起来有困难，在随后的教学中，往往会将此作为教学的重难点，使教学更有针对性。

（三）缺乏动态的学情分析

一些教师还陷入了一个误区，认为只有在做教学设计时进行学情分析才有助于教学设计，才更有针对性。但是学情分析不应只是课前的，还应该有课中和课后的学情分析。课堂教学活动具有动态性和生成性等特点，学情分析作为教学实施的指南针，也应该是动态的，应该贯串在教学的各个环节中，这样才有助于教师及时调整教学策略，提高教学的有效性。教师要通过科学的方法分析学生，真正基于"证据"、基于"理论"分析学生，常用的科学研究方法有经验分析法、观察法、资料分析法（包括档案袋、笔记本、作业和试卷等）、问卷调查法、访谈法等。

二、比较传统学情分析与混合学习环境下的学情分析

在传统课堂中，教师根据教学目标和教学内容来做教学准备。在课前，教师会了解学生、准备学习内容。在课上，教师把学习内容呈现给学生，学生接受教师传递来的教学信息，面对教师的提问做出反应。所有学生在课堂上的表现、做题的结果，我们统称为学生的反应。教师在课堂上对学生的反

应进行判断和评价，了解学生学得如何，然后反馈给学生，这是传统教学的过程。在这种面授过程中，学生是否预习？教师提前布置的学习材料，学生是不是看过了？学生对前置的知识掌握得如何？这是在教学准备阶段或者是一堂课刚开始的时候教师了解学情的方式。在知识呈现阶段，教师会在授课中不断地提问，通过观察小组的讨论和即时练习了解学生是不是掌握了知识。通过这种方式对学生进行判断和评价，是教师在课堂面授时了解学情的方式。

在混合学习环境下，学情数据分析工具就是帮助教师看清学生的帮手。它能够对学生进行数字画像，是教师透视学情的"CT机"。如果给学情数据分析下个定义，可以说：学情数据分析是对在线教学平台记录的学生学习过程数据和结果数据进行关联分析和深度挖掘，对分析结果进行可视化呈现，从而直观地了解学生的学习状态、学习投入、学习进度、学习效果等，其能为教师做出教学改进、开展教学干预和教学决策提供参考。

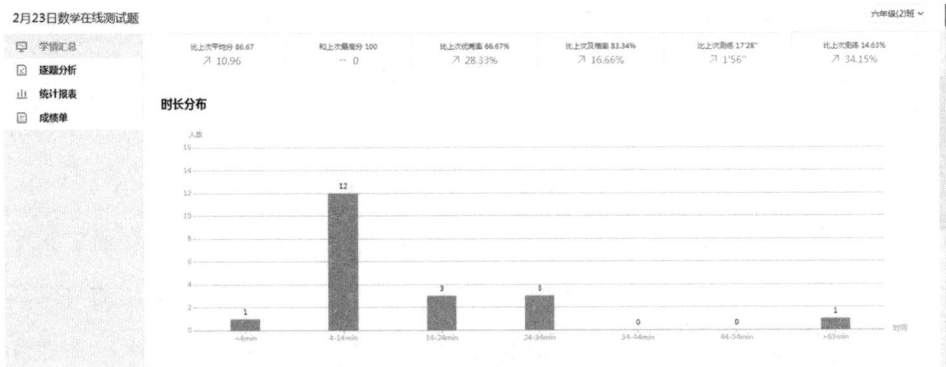

图 1　在线完成作业时长数据

学情数据一般包括两种类型，一种是学生参与教学过程产生的行为数据，另一种是学生学习过程中产生的结果数据。学习过程中所产生的行为数据包括学习资源使用的数据，教师上传的资料、微课数据，在使用数据过程中进行的讨论、答疑等这些数据都会被记录下来；学生行为投入的数据，比如在网络平台上待了多长时间，做了多少次作业，答疑多少次，看了多长时间的微课；师生进行互动的数据，比如多少学生电子举手多少次、回答问题多少次、讨论多少次等。学习过程中产生的结果数据包括课堂即时评测的数据、作业与考试数据。学生在学习过程中产生的学习结果数据，其中一种是课堂即时评测数据，教师进行课堂即时评测，看学生对知识点掌握得怎么样；另一种是学生在线参与作业和考试，产生作业与考试数据。教师可以统计作业题目的正确率，可以进行在线测验考试，了解最高分、平均分、及格率、客观题得分、主观题得分、总得分等情况，可以分析试题的信度、效度、区分度、难度等。

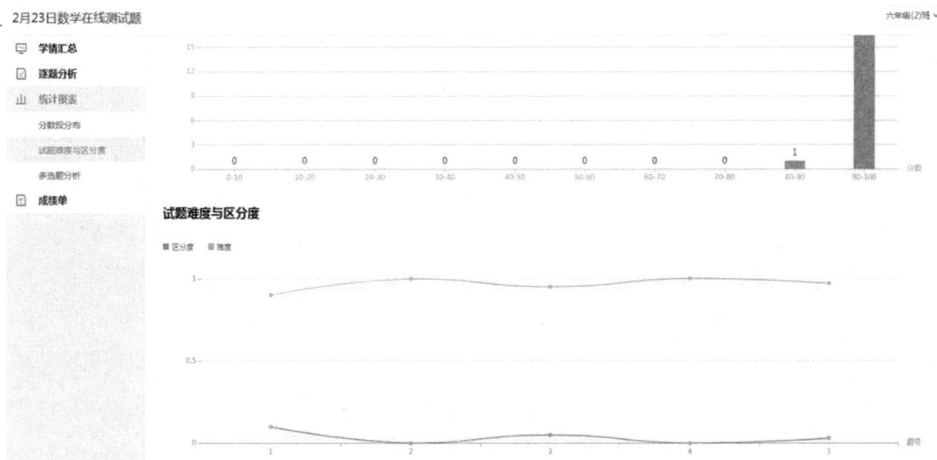

图 2　试题难度、区分度数据分析

网络平台通常会有学情分析栏目，能够对记录下来的学情数据自动分析，比如成绩分析，它基于学生的作业、测试来进行，包括作业的情况、作业的完成率。它可以分析一周、一个月、三个月、半年、一年的情况。它可以分析考试的难度、区分度、信度、效度。教师通过班级知识地图可以了解学生哪些知识点掌握得比较好，哪些知识点掌握得不好，也可以分析某一位同学的知识地图，进而对某一位同学进行一对一的辅导。

2月23日数学在线测试题   六年级(2)班 ∨

学情汇总	**成绩分布** 说明：A等占考生比例约15%，B等约占35%，C等约35%，D等约占13%，剩下为E等。			设置分数段
学情概况				
时长分布	**类别**	**名次区间**	**本班人数**	**学生人数**
成绩分布	◉ A等	[0.0 , 3.0]	16	>
关注提醒	◉ B等	(3.0 , 10.0]	0	>
知识点分析	◉ C等	(10.0 , 17.0]	3	>
逐题分析	◉ D等	(17.0 , 19.6]	0	>
统计报表	◉ E等	(19.6 , 20.0]	1	>
成绩单				

关注提醒 显示 15 ⌃⌄ 名学生 刷新   设置重点关注

图 3   成绩数据分析

我的得分？

不要灰心！

你超过了0.0%的同班同学

我的答题习惯如何？

习惯等级

A

你完成作业速度超过了95%的同学。

答题时间

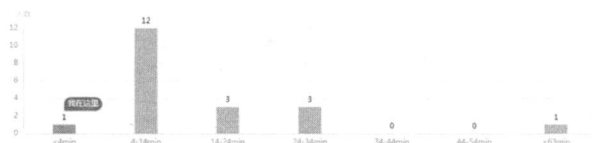

图 4   个体学生成绩数据

三、技术支持的测验与练习的内涵

测验是学校教育中一种测量工具，分为智力测验与教育测验两类。教育测验所测量的是学业成绩，是指用来测量学生对某学科或某组学科经过学习和训练后获取的知识和技能的成效，从而为评价教育目标的实现程度或选拔人才提供依据，教育测验有时也称作成就测验。

除此之外，测验也可以应用于课前的学情诊断。在传统的课堂教学中，大多数教师难以在课前全面掌握每个学生的情况，以至于"因材施教""差异化教学"等理念虽然常常被提起，却一直很难落地。常见的解决办法是缩小班级规模、提升教师素质，使教师能够关注到每个学生，让每位学生都能得到有针对性的帮助与指导。然而，当前我国优质教育资源总量不足、布局不合理，没有足够的教育资源支撑小班教学，因此缺乏推广小班教学模式的基础。

随着以大数据、人工智能为代表的智能技术的兴起，借助各类教育信息化系统，教师便可从多个维度了解班上每个学生的情况。在相关教学理论的支持下，更多的学生有机会获得教师的"差异化教学"指导和应用系统的"个性化学习"推荐。教师可以利用数据统计、数据分析、数据挖掘以及数据可视化等技术手段，针对学生的行为过程与结果数据，分析学生个体或群体的学习风格与习惯、学业状况及心理状况，实现对学生当前情况的全面掌握、对学生未来情况的预测估计。例如，教师在课堂中可以利用 PowerPoint 开发随机选择题，提高学生的参与度和积极性。教师还可基于问卷星、问卷网等进行大数据汇总，集中了解学生的学习情况，及时掌握一手分析数据，便于及时调整教学设计。

四、技术支持的测验与练习深度使用的意义

（一）信息技术发展对学校教学模式变革提出了新的要求

近年来，信息技术的发展深刻影响着人们的生活和思维方式，同时对传统教育教学模式带来了巨大的冲击。尤其是随着信息技术与教育融合程度的不断加深，我国教育也被深深地打上了信息化的烙印，逐渐呈现出跨界融合、深度学习、人机协同及自主操控等新型特征。当前，国家着力推行的《教育信息化 2.0 行动计划》重新定位了师生信息素养提升的目标，而这一目标势必要通过运用教育大资源，构建"互联网＋"条件下的新型人才培养模式等途径来实现。因此，教育信息化发展对师生信息素养提出了新的要求。传统

教学模式已经不符合发展的要求，对于学校、教师而言，应当从转变教学理念出发，通过变革传统教学方式、创设新型教学环境以及构建多元化教学内容等途径来全面推进教学模式的变革。

（二）国家政策驱动，促进教育信息化快速发展

为加快教育现代化和教育强国建设，推进新时代教育信息化发展等，教育部于 2018 年 4 月印发了《教育信息化 2.0 行动计划》。该计划在坚持育人为本、融合创新、系统推进和引领发展基本原则的基础上，进一步明确了"三全两高一大"的发展目标，即教学应用覆盖全体教师、学习应用覆盖全体适龄学生、数字校园建设覆盖全体学校，信息化应用水平和师生信息素养普遍提高，建成"互联网＋教育"大平台。为具体落实这些目标，该计划还系统提出了八大行动计划，其中数字校园规范建设行动和智慧教育创新发展行动都是为创建"数字校园"和"智慧课堂"而制订的实施方案。基于此，学校在贯彻落实《教育信息化 2.0 行动计划》与《国家中长期教育改革和发展规划纲要（2010－2020 年）》的基础上，应当从改变教育教学理念出发，引入信息化教学手段，打造数字校园和智慧化的教学环境，并将培养高素质创新型人才作为未来教育教学的目标追求。在此背景下，混合式教学模式作为信息技术与教育融合创新的成果，一定是政策导向下最具发展潜力、最有成效的方向选择。

（三）有效利用信息技术为每个学生提供个性化学习服务

1. 教师层面——有利于持续性跟踪掌握学生的学习情况

利用传统的统计方法，教师只能了解学生整体的情况，往往缺乏对每个个体微观的分析和关注，而且数据保存困难，很难对每个学生的学习成绩实现长期的追踪。比如，基于智学网大数据的技术支持，所有的统计数据不仅自动汇总分析，减少了教师手动统计归类的巨大工作量，而且平台从多角度、多层面的数据可视化处理与分析，全景式地呈现师生教与学双方互动的效果，极大地提升了教师的教学评价效率。同时，平台强大的数据存储功能更便于

保存海量数据，利于教师持续性跟踪掌握学生的学习情况。智学网的大数据平台可以从以下几个方面辅助教师分析学情。

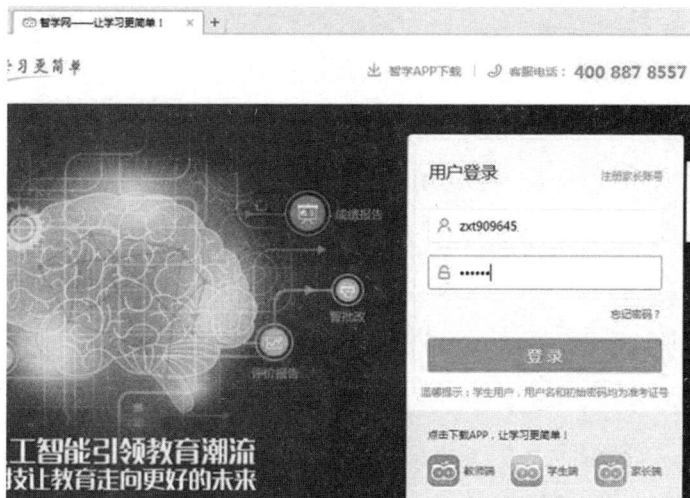

图 5　在登录界面输入学生考试时的智学网账号

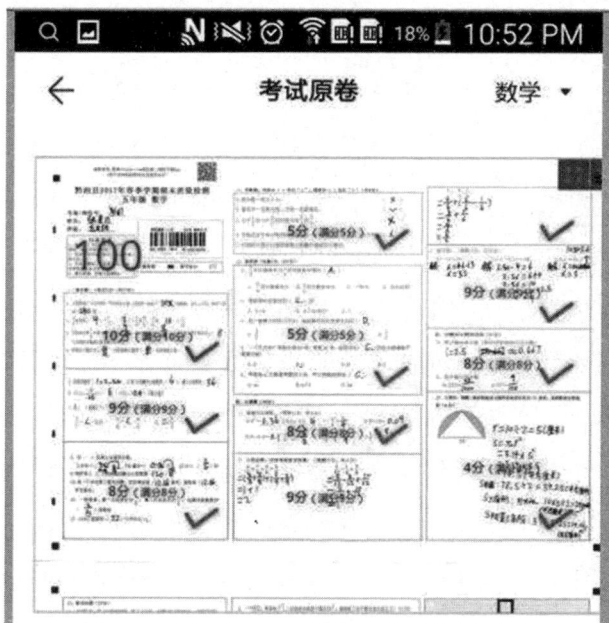

图 6　考试原卷查看评分情况

（1）可以整体评价试卷，把握学生的总体情况。对于每一次考试，教师首先希望了解班级整体的学习情况，一方面，便于同平行班级的横向比较；另一方面，便于了解学生对不同知识点的掌握程度和试题的难度与区分度。借助于大数据，教师将考试结果进行可视化分析，可以快捷、高效地达到这一目的。

系统多角度、全方位的整体数据分析能对试卷的测试效果进行客观评价，例如，难度如何、是否适合学生的现有水平；学生对于知识点的掌握情况，哪里是难点、易错点，学生对哪些基础知识掌握得不够牢固。基于考试结果总体情况的可视化分析，教师可以在讲评试卷的过程中提高针对性、有效性，共建高效课堂。

（2）可以了解每个学生个体的认知情况。"因材施教"是教师的工作准则，教师仅仅了解一个班级的总体情况是远远不够的，还要掌握每一个个体的学习情况。在传统的教学模式与评价分析方式下，这是一件很烦琐的工作，而在大数据平台上则很容易实现这个目标。教师在系统中可以看到每一个得分点的信息，在选择题的统计中可以看到选这个选项的学生名单，这样教师非常容易掌握每个学生的答题情况，有利于进一步对学生进行纠错，提高教学效率。对于知识点掌握欠缺的个别学生，教师可以采用课后辅导的方式帮助学生纠正错误，使教学辅导更具有针对性。

（3）对学生作答进行详细分析。比如精准定位一份试卷和作业，教师在评价时往往需要统计其中涉及的知识点。大数据可以把高中数学所有的知识点都进行分类总结，可以很快对每一道题的知识点进行归类并可视化分析。它可以分析一份试卷中各个知识点的考查权重，还可以分析学生对每一个知识点的掌握情况和得分情况，并与同年级的其他班级做比较，便于教师发现教学中的不足。例如，从学生报告可以看到本题考查的知识点、年级得分率与班级得分率，这些数据可以提示教师在接下来的教学中应该在哪些方面做出改进。大数据考试中的所有知识点掌握情况的可视化分析，便于教师客观了解学生对每个知识点的掌握情况。

（4）考查教师的教学效果，提升教学水平。在大数据分析下，教师之间的比较和竞争更加明显和具有说服力。传统的分析方法没有翔实、科学的数据分析，也就无法保证评价的科学性、有效性。而智学网大数据对学情的可视化分析可以极为详尽地在班级之间做比较，精准地评价教师的教学效果，教师可根据数据及时发现存在的问题并改进。大数据教学效果的可视化可以提升教师工作的积极性和认可度，帮助教师进行自我反思，从而促进教师努力提升教学水平。

2. 学生层面——自主学习、自我诊断、自发纠错

传统模式的作业或者考试，学生往往只关注自己的分数，简单地了解题目的对或错，这使得作业和考试的诊断性对于学生所能起到的作用非常有限。智学网大数据的可视化分析可以弥补学生在自主学习、自我诊断、自发纠错等方面的不足。每次的考试或作业，学生都可以查阅有针对性的可视化诊断报告，报告对知识点进行归类解析，查找失分的原因，并给出同类题型强化练习。平台还可以为每一个学生提供成绩的跟踪数据记录，使学生能掌握自己在某一个时间段内的学习状态和波动情况，并做出整体的分析，给出相应的建议。

（1）关键知识点的巩固和提高

智学网中的题库囊括了近几年的所有考题，并做好了分类，教师或者学生按照章节或知识点可以搜索到相应的题目，极为方便、快捷。一次考试结束，学生首先可以查询到自己常错、易错、掌握不牢的知识点，然后可以立刻搜索相关知识点，有针对性地纠错训练，巩固提高，并且系统还为每一题提供了规范答案，大数据下大量的学习资源应有尽有，这为学生的自主学习提供了强有力的支持。

（2）正确认识和自我评价

在传统模式下，如果教师不公布分数和名次，学生无法了解自己的真实

情况，如果教师直接公布名次，又无法保护学生的隐私，这往往让教师面临两难选择。通过技术平台可以做到两全其美，每个学生只能看到自己在班级中的位置，全过程掌握自己的学习状况、成绩波动变化等。因为大数据分析非常详细，学生可以自主学习，查找不足，及时了解薄弱环节，扬长补短，大数据分析为全面提高学生的成绩发挥了不可替代的作用。

（3）大数据可以对每个学生进行一对一的反馈，提供"订单式"服务

学生可以根据反馈进行有针对性的强化训练，这改变了传统课堂中学生被动接受知识的局面。大数据帮助师生以全新的视角看待教与学的活动，塑造个性化的学习模式，帮助学生养成自主学习的良好习惯。

（4）高效率错题回顾与总结是提高学习成绩非常重要的手段

在传统课堂教学中，学生抄写错题耗时耗力，效率低下，而且学生的总结与归纳能力不强，有时无法做到有效归纳总结。大数据分析可以帮助学生解决这一难题，将学生的错题在一定时间内归纳整理生成错题集，供学生分析订正，这大大节省了学生"搬运题目"的时间，错题归纳整理便于学生保存查看，为以后的复习提供了帮助。

3. 家长层面——辅助作用

家长在传统的考试中，只能看到孩子的分数。大数据的可视化分析可以呈现孩子学习的详细情况，让家长随时随地掌握学情，及时跟进了解孩子的学习情况，不仅方便后期的家校沟通，而且有助于家长与孩子的交流和沟通。大数据时代悄然而至，各行各业在这个新的时代都将面临一场自我否定、自我更新。面临新形势、新技术、新理念，我们只有积极投身拥抱接纳，勇于自我否定，善于自我更新，才能破茧成蝶迎来新生。与其他行业相比，大数据在教育行业的应用尚处在起步阶段。但是，基于大数据对学情的可视化分析，已受到越来越多教师的认可和青睐，无论是从教师、学生层面，还是从家长层面都起到巨大作用，带来了全新的变革。在大数据的支持下，教师能开展更精准的教学，学生能自主学习，家长能及时了解孩子的学习状况，从

而共同促进学生发展。相信在不远的将来，科技将给教育带来更多的改变，大数据一定会对教育产生更加深远的影响，更好地服务于教学。

解决策略

测验与练习是教学过程的重要环节，是促进学生记忆、巩固知识、综合运用所学知识解决问题的一种学习手段，也是教师掌握学生学习情况的重要依据之一。信息化手段能够支持形式多样的测验与练习，如选择题、填空题、匹配题、问答题等。

一、测验与练习的设计原则

（一）测验与练习的设计要有针对性

练习是教学过程中不可或缺的重要环节之一，要围绕某个知识点内容进行设计，促进学生对知识点的理解、记忆和应用。测验一般应用在课中或课后。在设计测验时，教师要关注教学内容各知识点之间的本质联系，注重结合生活实际，增加综合性、开放性、应用性和探究性等习题，培养学生的综合应用能力和迁移解决问题的能力。

（二）测验与练习的设计要有创新性

教师要根据教学内容和学生的年龄、认知、兴趣爱好特点设计习题，要联系生活实际，合理设计问题情境，体现知识的价值，吸引学生的注意力，促进学生积极思考。例如，张老师在讲小学数学"搭配"这一课时，设计了学生感兴趣的卡通人物小猪佩奇一家去游乐场游玩遇到的一系列生活问题，如买冰激凌问题：有三种不同口味的冰激凌，要买两种不同口味，有几种搭配方式？再如佩奇一家四口要拍照，有几种不同的排列方式？这些问题都是生活中的常见问题，既体现了数学的应用价值，又激发了学生的学习兴趣，促进学生在解决问题的过程中实现对知识的意义建构，巩固所学知识。

（三）测验与练习的设计要有趣味性

技术支持的测验与练习题型要丰富，趣味十足，促进学生的积极参与。例如，希沃白板、101教育PPT等教学互动平台提供了丰富的趣味题型，除了常规的单选、多选、判断、填空和问答等题型，还有连线、拼图、分类、排序、投票、思维导图题以及猜词、填色、魔方、分组挑战等游戏习题，这些习题界面富有冲击力，能及时反馈练习结果，寓教于乐，能提高学生参与的兴趣和积极性。

二、测验与练习的实施策略

（一）技术支持学生便捷访问测试资源

教师要根据信息化学习环境合理选择软件开发标准化测验题。例如，教师可以利用问卷星、问卷网等软件开发标准化测验题，将试题二维码通过班级微信群等社交平台发布，方便学生访问作答，在线测试平台会及时反馈测验结果，方便教师及时掌握学生的学情。

（二）技术支持教师快速组卷，积累形成测验与练习的资源库

教师根据测验的目的，利用组卷网、省级资源服务平台、畅言智慧课堂等学科教学服务平台设计测验与练习题，快速进行智能组卷。在试题编制过程中，教师要仔细审定，确保每道试题的针对性，提高试题的编制质量。教师平时要注意积累，形成测验与练习的资源库。

（三）技术支持教师进行测验数据分析，对学生进行专题训练

例如，张老师所在的初二数学教研组通过平台上的选题组卷功能，选择要考查的知识点，进行选题组卷，在组卷过程中，根据学生的实际情况，适当选择难度，生成试卷及答题卡，组织学生进行测试。数学教研组批阅扫描之后，通过智学网进行数据处理，利用集体备课对数据进行分析，一个学期共进行周测15次，通过数据明确学生的共性错题、薄弱知识点，进行专题训练。在这个过程中，教师对教材的把握更加准确，教学设计与实践能力也有

了显著提高。

三、测验与练习的实施途径

测验与练习的有效实施应分为三个环节，一是真实全面的数据采集；二是精准科学的数据分析；三是精准高效的教学活动。三个方面层层递进、环环相扣，形成了一个基于大数据分析的精准化教学模型。

（一）真实全面的数据采集

学业诊断离不开大数据，数据采集可以使用"线上数据采集"和"线下数据采集"两种方式相结合，前者采集"电子数据"，后者采集"纸质数据"。线上数据采集主要通过学习终端设备和数字化在线课堂教学平台，如"猿题库""作业盒子""科代表"等平台，记录学生的在线测验情况，生成相关学习数据；线下数据采集可利用科大讯飞的智学网平台，该采集系统分为硬件和软件两个维度，硬件可以与传统网上阅卷硬件设备通用，软件融合了图像识别技术、云计算技术、云存储技术等多种现代技术。与传统网上阅卷最大的区别是，该系统可以不改变教师的批改习惯，教师先纸质批改，再扫描采集数据（卷面留有痕迹，这种痕迹也是一种教育资源），系统通过高速扫描仪采集学生的作答情况以及教师的批改痕迹保存至云端。数据反馈系统包含教师软件、学生软件和家长软件。教师通过手机、电脑等终端 App 随时查看教学诊断云平台上收集生成的学生数据，查看相关数据报表，跟踪薄弱学生等。

（二）测验与练习的数据分析

常态化的学生学习、考试数据是海量的、零碎的，需要专业人员根据实际需要建立数学模型，再由软件开发人员应用数学统计、机器学习、数据挖掘等技术手段，进行测验与练习的数据分析，生成对教师教学、学生学习有价值的信息。相关平台记录并生成的考试数据集能为教师的课堂讲评提供学情、重点信息、难点信息等学习数据支撑，支持教师设计课堂教学起点、教学重点和教学难点。系统通过数据的分析与处理，帮助教师做出更合理的精准教学决策干预。系统还能给出全年级每个班每一次考试小题分对比的统计数据，包括每题的正确率、每个题目做错的学生是谁、学生错在哪里，提供了学生是否达成目标的数据、教师诊断学情和效果的证据。有了这样的数据和证据，教师的课堂讲评就有了更加专业的判断，例如，哪些内容是学生已经掌握的，哪些内容是学生没有理解的，哪些内容需要学生进一步加强巩固。对于未达成的目标，教师后续的教学应做什么样的调整，提供什么样的学习机会，课后如何提供针对性的训练，这些都有了明确的方向，也为实施精准教学提供了有力的保证。

（三）测验与练习的教学活动

传统讲评作业或试卷，有些教师从头讲到尾，一是没有重点，二是往往因时间不够，造成讲评质量低。有了测验与练习的技术支持，教师可以快速、精准地定位讲评重点，提升讲评效率和讲评质量。

1. 选好教学起点

教学的起点过低、过高都会影响整节课的教学效果，以往教学起点的设定主要靠教师的个人经验。如今，基于测验与练习支持下的精准分析，教师对教学起点的选择更加科学。以讲评课为例，教师通过智能平台对学生的考试情况进行精准分析，在备课前就已经对学生的学情有了初步了解，可以精准备课。通过智能平台的数据反馈，教学起点的选择就会非常精准。

2. 选好教学重点

正确把握讲评课的教学重点，精心设计并开展突破性教学，是一节课成功的关键。讲评前，教师通过智能平台产生的数据分析报告，对整份试卷每个题目的得分情况、得分率较低的题目归因、每个学生的解答情况等都做到了心中有数。教师讲评时可以随时调看某个学生某个题目的解答情况、某个题目的错误分类、某个题目值得推荐的样本等，可据此突出重点，有针对性地开展教学活动，包括后续的跟进练习。

3.针对性的课堂提问

课堂提问和师生互动也是课堂教学的重要环节。何时互动、提什么问题、让哪位学生回答等，都会对课堂的教学效果产生一定的影响。借助数据分析系统里存储的学生考试数据和分析报告，教师在完全了解了学生每一个知识点的掌握情况、难点或者学生错误率较高的题目、个别学困生的问题所在等信息后，师生互动、课堂提问就能做到有的放矢。根据数据采集的针对某道题回答错误的学生名单和错因呈现，教师可以实施精准的课堂提问。

4.个性化的补偿教学

学生的差异性是客观存在的，对于学习能力弱的学生，教师在试卷讲评课后需要对其进行个性化的辅导答疑，对于学习能力强的学生，教师在课后需要对其进行个性化的激励提升。系统通过常态化考试数据采集，记住了每个学生的学习轨迹、知识结构、能力分布、强项、弱项等数据，再通过大数据运算，可以为每个学生定制并推送一项学习建议，一份个性化练习、试卷、作业或微课等，从而教师可较好地在班级授课制环境下实现因材施教。

样例展示一

疫情防控期间，张老师利用 QQ 的屏幕共享功能结合数位板，在电脑面前和同学们进行很好的教学互动。学习完一部分知识后需要检测学生的学习效果，不仅教师需要知道教学效果，同学们也想检验自己的学习效果。因此，课堂检测是必不可少的，评价检测的结果可以更好地调动教学者和学习者的积极性。在以往的教学活动中，教师让同学们采用拍照上传的方式，在微信群中挨个翻看学生的作业，在花名册上勾选统计学生的反馈结果，费时费力，增添了很大的工作量。充分利用互联网，教师能否找到一种省时、省力、直观的教学反馈方法，能够便捷地反馈学生的作业完成情况，能够直观地反映学生的学习效果，并且能减少巨大的工作量，提高工作效率，高效、方便、简洁地完成教学任务呢？问卷星就是一个非常方便的教学平台。

第一步：打开问卷星，用 QQ 或微信扫描注册。

图 7　打开问卷星

第二步：设置通用类型。我们选择"考试"。

图 8　设置通用类型

第三步：选择问卷的录入方式。我们为了自己测试的针对性选择文本导入。

图 9　选择录入方式

第四步：设置考生基本信息。我建议选择基本信息，然后修改学号和姓名。

图 10　设置考生基本信息

第五步：设计单项选择和多项选择考试题。

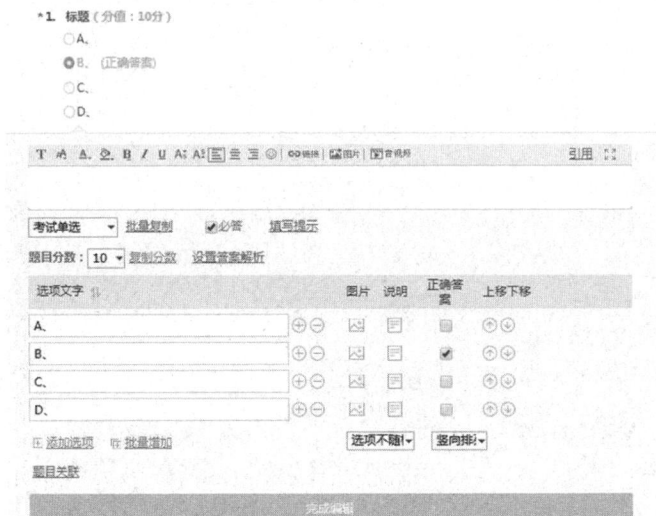

图 11 设置考试题

说明：

（1）每个选项和设置答案解析都可以导入，设置好文本也可以整体导入。为了提高效率，我们只设置选项和答案。

（2）在完成一道题后，为了保持格式不变，可以采用复制提高效率。

（3）也可以出多项选择，答对部分得相应的分数。

（4）填空题必须是具体的数字或文本为标准答案。

（5）主观题答案可在纸上作答，采用照片上传的方式上传至平台。

第六步：发放试卷下载二维码，学生既可以采用扫描二维码的方式答题，也可以采用点击链接的方式进入答题。

图 12 发放试卷下载二维码

第七步：成绩统计。我们回到设计的试卷，可以及时查阅学生提交的份数，并对未提交的学生及时督促。学生提交完成，教师在我的问卷列表中找到这次考试的成绩和数据，通过查阅可以立刻得到学生的分数，也可以将其下载成 Excel 数据，方便对数据进行分析。在数据分析中，有每个题的正确率的显示，也有每个题每个选项的数据统计，并且教师可以选择直观的图像数据显示。

星标	操作	序号	用户名	提交答卷时间	所用时间	来源	来源详情	来自IP(?)	总分
★	◎ 🗑	41	刘□□	2020/3/10 13:40:13	41秒	手机提交	直接访问	天津天津	70
★	◎ 🗑	42	刘□□	2020/3/10 13:40:15	34秒	手机提交	直接访问	天津天津	60
★	◎ 🗑	43	王□□	2020/3/10 13:40:21	37秒	手机提交	直接访问	天津天津	30
★	◎ 🗑	44	□□□	2020/3/10 13:41:42	47秒	手机提交	直接访问	天津天津	50
★	◎ 🗑	45	王□□	2020/3/10 13:42:19	30秒	手机提交	直接访问	天津天津	40
★	◎ 🗑	46	孙□□	2020/3/10 13:42:19	22秒	手机提交	直接访问	天津天津	50
★	◎ 🗑	47	□□□	2020/3/10 13:45:40	29秒	手机提交	直接访问	天津天津	70
★	◎ 🗑	48	王□□	2020/3/10 13:47:25	29秒	手机提交	直接访问	天津天津	100
★	◎ 🗑	49	朱□□	2020/3/10 13:50:30	92秒	手机提交	直接访问	天津天津	50
★	◎ 🗑	50	文□□	2020/3/10 18:51:29	44秒	手机提交	直接访问	天津天津	80

图 13　成绩统计

【样例评析一】

1. 利用问卷星可以快速、直观地对检测成绩进行统计，这在很大程度上减轻了教师的负担，教师可以高效、有针对性地进行精准教学。在疫情防控期间，教师利用手机进行高效的教学反馈，促进了信息技术对教学的能动作用，有利于其更快地发展。

这只是阶段性的反馈，如果在课堂上利用网络进行即时反馈，教学效果是不是更好？国家对教育的三通两平台的建设投入很大，其有很多可以开发利用的优质资源，有条件的学校应该建立课堂反馈系统，提高教学效率，让技术更好地服务于课堂。

2. 学生利用问卷星得到的不仅仅是一个分数，并且是类似于玩游戏的一种得分的体验。学生在反馈中能看到自己的成功和失误，在操作、点击、提交的过程中能得到快感。现代的孩子更倾向于人机对话的交流。学生在数据对比中看到自己与别人的差距、自己的位置，能激发自己的竞争意识。学生在比赛中获得成就感，更能够激发自身的潜能。

3. 问卷星考试反馈系统的优势在于可以做得很精细。学生提交完答案后，系统可以立刻出现答案提示，针对每一个选项都有解释，也可以插入视频讲解。

样例展示二

2020 年注定是不平凡的一年，疫情肆虐，举国迎战。新冠肺炎疫情阻挡了学生进入课堂的脚步，却不能阻挡学生学习的脚步。为了全面检测网络教学的学习效果，实现线上教学与复学后教学的有效衔接，王老师决定通过人人通平台对全体学生进行线上智能检测，进而达到云端以评促教、线上以评促学的目的。他选择了"重力"一课内容，充分利用吉林省教育资源公共平台"人人通空间"App 进行线上教学，分别进行了课前导学、课后练习、智能检测等，使师生受益匪浅。下面我们就"智能检测"的组卷、阅卷及查看成绩的流程跟大家分享一下。

一、组卷

1. 首先登录"人人通"平台,点击"工作"按钮。

图 14　登录"人人通"平台

2. 进入"智能检测"界面后,点击下方的"笔",就可以进行选题,上侧筛选教材的版本和册别,可以进行套卷选题、章节选题、知识点选题。下面我们以章节选题为例讲解一下。点击"章节选题"进入章节选题的页面,在"章节"之中选择需要的章节,还可以对题型和试题的难易程度进行选择。

图 15　选题

比如，我们选择第七章的第 3 节"重力"，点击"第七章"，系统就弹出第七章所有的课节，再选中第 3 节"重力"。点击"题型"，系统就会弹出各种类型的习题，比如，单选题、多选题、填空题、计算题、作图题、实验题等。对试题难度进行选择，就点击"难度"，就会弹出"容易""一般""较易""较难"等，如果想选择较难一点的习题，点击"较难"即可。

图 16　选择具体的题

选好所要的题，点击"加入"，这样题就选中了，如果不喜欢还可以进行移除。可以将本页试题全部加入，也可以单题加入组卷篮。可以随时更换题型及题的难易程度，并更换章节。

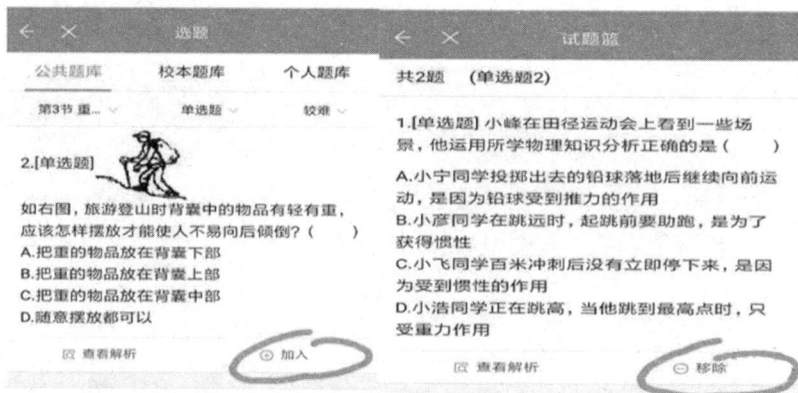

图 17　选题

选择好各种题型后，就可以进行组卷了，点击"组卷篮"图标，然后点击"布置测练"，点开试卷后可以对试卷的每题进行赋分，包括大题总分和小题分值，并可以对赋分规则进行设置，包括整卷赋分和题型赋分规则。如果要对试题的顺序进行调整，点击"上移"或者"下移"按钮，若卷子没有问题了，最后点击"确定"，这样卷子就组合好了。

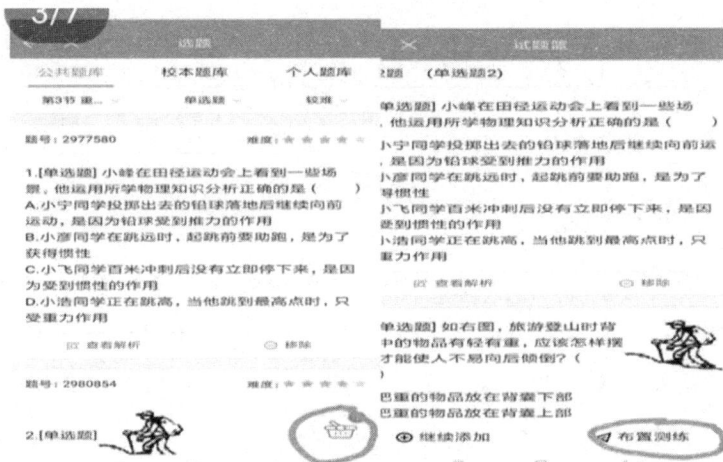

图 18　组卷

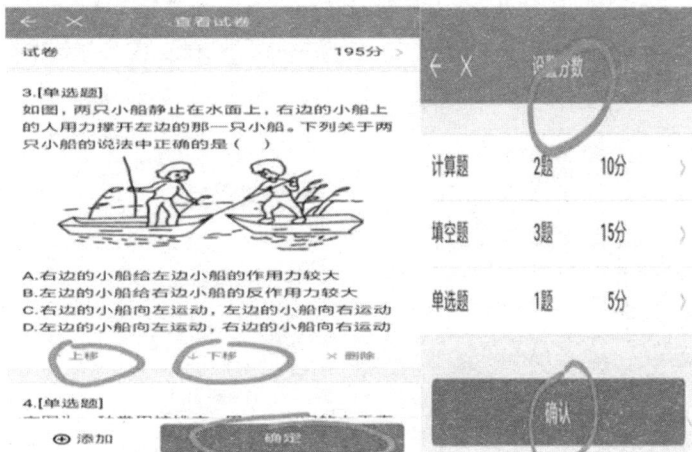

图 19　赋分及调序

还可以进行答案设置，点击"答案设置"进入答案设置页，教师可批量设置测练答案。

图 20　答案设置

3. 教师可以调整测练时长，提交截止日期，设置定时发送，也可以进行高级设置。如果教师布置的不是自己所带的班级，可以点击"添加更多班级"添加其他班级进入列表进行布置。点击"暂不发布"则生成一条测练记录，且状态为"未布置"，如果不急于发布，还可以保存在草稿箱，随时进行修改。点击"发布"则发布测练。

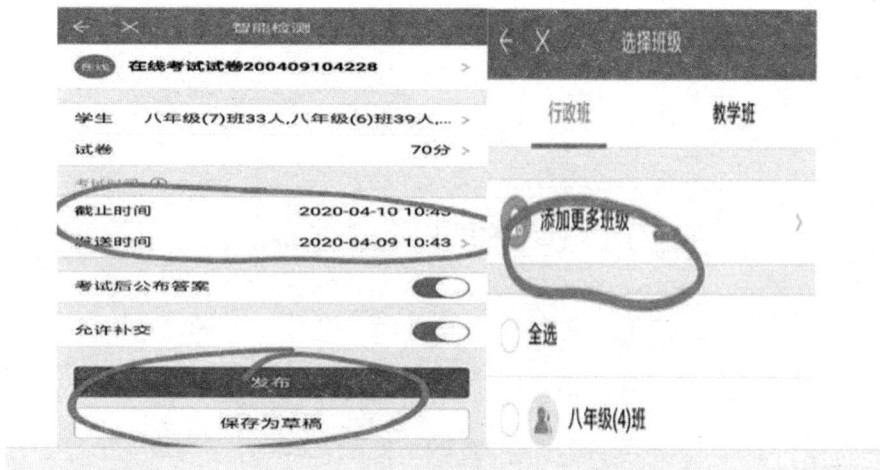

图 21　发布测练

　　教师可将个人卷库中的试卷共享到校本卷库题库中，供其他教师使用，也可以在校本卷库中收藏试卷，供个人使用。校本卷库实现了全校卷库的统一管理，在确保卷库、题库资源安全的同时，实现了试卷和试题校内的共建共享。

　　这就是整个试题组合到发布的过程。这个"智能检测"组题快捷又方便，值得每一个教师学习使用。

　　二、评阅

　　学生提交作答后，教师点击"在线考试试卷"，进入评阅列表。在线测练的批阅分为"按人批阅"和"按题批阅"，教师可根据需要选中对应的批阅方式。首次进入评阅界面，请仔细阅读阅卷小提示，支持涂鸦批阅及在线打分，系统提供两种打分方式：鼠标模式和键盘模式。默认模式为鼠标模式。教师如果对上一个评阅的试题有异议，可点击"回评"按钮，选择需要重评的试题。试卷评完后点击"生成报告"，学生的成绩就出来了。如果教师发现哪名学生的成绩可能出现错误，可以选择"继续批阅""按人批阅"，订正错误后，重新点击"生成报告"按钮就可以了。

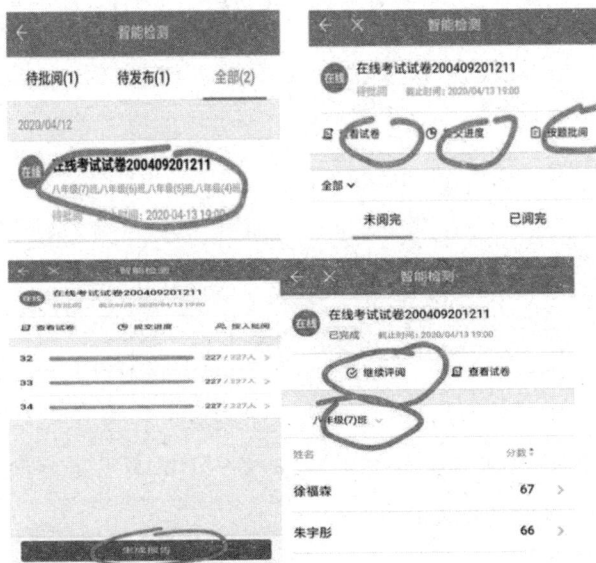

图 22　评阅

三、查看成绩

点击"查看成绩",教师可查看批阅后的成绩列表,可以查看多个班级的成绩,也可以查看每一个试题的答题情况。点击"学情",教师可以看到学生的得分趋势和分数段分布情况,还可以看到每个班级各个知识点的得分率。

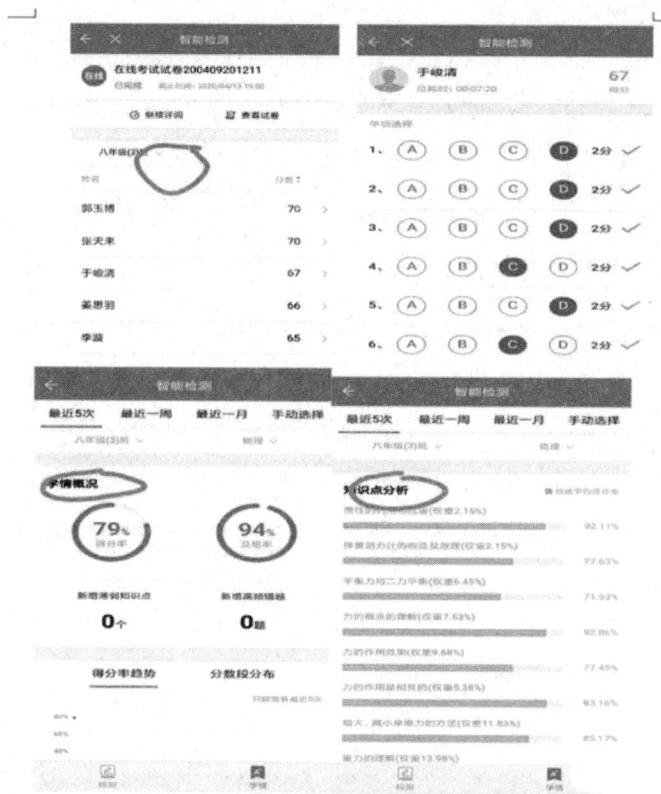

图 23　查看成绩

通过使用"智能检测",我深刻体会到互联网技术的重要性。"智能检测"不仅节省了教师的时间,提升了组卷的效率,还实现了对学生的智能测评,以及对学生网上学习的全面评价。

【样例评析二】

王老师借助人人通平台智能检测功能,了解了疫情防控期间线上教学学生对知识点的掌握情况。人人通"智能检测"一个更强大的功能是生成报告分析。如果说检测是为了检测学生网课学习的情况，那检测后的分析更是十分有必要的。运用"智能检测"，阅卷人完成批阅后即可通过客户端发送成绩报告，教师可以看到每个班级的试卷分析以及学情分析汇总，其中学情分析汇总包括学情概况、时长分布、成绩分布、关注提醒、知识点分析等五个方面，这也是测试需要检测的五个维度。教师在"学情分析"中可以看到检测的整体分析数据，了解班级的得分率趋势、及格率分析、错题分析及知识点分析，从而掌握整体学情，为接下来的教学计划提供数据支撑。

　　例如，王老师可以看到班级检测的整体数据分析，看到班级的平均分、班级的最高分、班级的优秀率等各项数据，在"时长分布"这一板块能够看到学生答题时间的一个区间，整体把握班级同学对试卷难度的一个掌控程度。在"学情概况"这一板块中，学生的成绩区间可以一目了然地呈现，班级学生分数集中分布在 90～100 和 80～90 这两个区间，试题难度与区分度呈曲线分布。通过这些数据，教师可对整张试卷做出重点分析。在小题得分率方面，一张图就可以分析出整张试卷最难的题型和题号。教师从小题答题详情可以看到班级学生对同一道题解答的效果。在数据的具体分析中，教师可以进入试卷分析主题查看得分、失分的情况，根据不同的标色清晰地看到得分率不足 20%、20%～40% 之间、大于 40% 的题号。对于重点失分的类型题，教师在今后的教学中要重点强调。

　　"知识点分析"这一项非常重要，学生对于知识点的掌握情况影响着教师网课的授课效果。教师根据报告分析，强化教学设计，有助于提高网课的效率。教师通过"成绩分布"和"关注提醒"可以清晰地看到班级学生的成绩分布情况以及学生成绩上升和退步的情况，可针对不同学生制订不同的教学计划。有了这些数据分析报告帮助教师了解学情，教师会更有底气，更有针对性地备好课、上好课。

工具索引

测验与练习是学生复习知识的一种重要方法，也是教师了解学生学习情况的一种重要手段。练习分为课内练习和课外练习；测验分为课堂测验、阶段性测验及期中和期末这种总结性测验。信息技术在测验与练习中能起到的作用就是使我们的反馈更加及时，数据积累更加方便，能够帮助教师更好地对学生的练习及测验结果进行分析，从而促进教师改进自己的教学。下面我们介绍几种常用的辅助测验与练习的软件和工具，供教师们参考。

表1 常用软件工具应用对比

常用软件工具	操作	学生设备	数据积累	适用	推荐指数
知识胶囊	简单	无	容易	课前后	＊＊＊＊＊
问卷星	一般	无	容易	课前后	＊＊＊＊
人人通练习	一般	有	容易	课前中后	＊＊＊＊
Plicker	较难	无	容易	课中	＊＊＊
希沃课堂活动	简单	无	不易	课中	＊＊
自制习题	较难	无	不易	课中	＊＊
专业软件	一般	有	容易	课前中后	＊＊＊＊

1. 希沃的知识胶囊

希沃的知识胶囊是希沃设计的一款微课制作分享工具，在希沃知识胶囊中，教师可以设置习题，学生可以在观看微课的同时完成习题的解答，当然教师也可以不设置微课，而直接在希沃知识胶囊中设置习题，由学生完成。教师可通过后台查看学生习题完成的情况，通过后台统计学生学习的数据。希沃知识胶囊最大的优点就是它可以利用希沃白板的课件直接生成微课，并且分享非常方便，不用下载相应的软件即可完成微课的观看和测验或习题。知识胶囊一般适用于课前预习或课后复习。

2. 问卷星

问卷星和试卷派功能比较类似，我们把它们放在一起给大家介绍，教师可以利用这两款软件完成在线考试。习题可以手工录入，也可由 Word 或 Excel 软件导入，做好的测验或习题可有多种方式分享给学生，如二维码或链接分享给学生的 QQ 群或微信群。学生在手机端或电脑端完成测验或习题后，教师可在问卷星后台对学生的答题情况进行统计分析，可了解每道题的正确率，也可了解整个试卷的得分情况，还可以将答题的结果分享或下载。

3. 人人通练习

智慧课堂的收费版本中有课堂练习的相应环节，教师可自己编制课堂练习的习题，也可采用智慧课堂中的题库进行选择。课堂练习要求学生拥有手持客户端，即拥有 PAD，教师发布练习后，学生在手持客户端中进行答题，教师可及时查看学生的答题速度、答题的正确率以及整个班级的答题情况，以便及时了解哪些学生对哪个问题掌握得不好，在后续讲授中有针对性地进行指导和讲解。同时课堂练习可长时间积累每一名学生的知识点掌握情况，在一段时间后，教师可针对学生的知识点掌握情况，向学生推送相应的微课或加强练习，以帮助学生巩固相应的知识点。智慧课堂的课堂练习比较适合在有学生端的智慧教室进行使用，同时比较适合在课堂中使用，不适合在课前或课后使用。智慧课堂的劣势在于它是一款收费的软件，并且需要每个学生有手持客户端才能完成课堂练习。

4. Plicker

Plicker 是一款国外的课堂即时反馈工具。教师可在手机端或网页端，在课前编制好需要检测的试题，同时将网站上提供的二维码按学生序号发送到学生手中，在课堂需要进行习题或检测时，教师在大屏上出示相关习题，学生举起手持的二维码，使正确答案一面朝上，教师通过手机进行扫描，即可得知学生的答题情况。这款软件最大的优点在于不用学生手持客户端（即 PAD），只要学生拥有一张二维码即可完成当堂在线检测，反馈比较及时，设备需求较低，同时它还可以积累学生长时间的习题完成情况，便于教师对学生进行综合性的分析及指导。但由于它是一款国外网站支持的软件，访问速度可能稍有些慢。

5. 希沃课堂活动

希沃白板或 Power Point 这类的软件都支持在演示时进行简单的练习。希沃白板中有各种不同的课堂活动，能够支撑教师的课堂练习。这些课堂活动有分类、连线及分组竞技等。通过这些课堂活动，教师可以调动学生进行练习的积极性，这些课堂活动制作很方便、简洁，学生操作也比较容易。PPT也有选择题和填空题的相应制作方法，但由于制作方法较为复杂，教师采用得较少。这两种课堂练习的缺点是只能有部分或很少的学生参与到练习或测验中，教师不能收集更多学生的学习情况。

6. 专业软件

最后向大家介绍的是一起作业网这类专业的习题或测试软件。这类软件一般都有网页端和 App 端，教师可在网页或手机中编制或在相应的题库中提取试题，分享到学生端，学生在学生端完成习题的解答和测验，教师即可在教师端对学生的完成情况进行统计、汇总。教师可积累大量的学生学习数据，方便改进今后的教学及对学生进行有针对性的指导。

第三章
混合学习环境下的教学设计

开 篇 小 语

　　混合学习环境提供了多条信息传递通道，能更有利于促进学生接受知识、有利于保证学生的有效学习。学习者学习通道的选择应同其学习风格相适应，这是有效学习的先决条件。混合学习环境中的传递通道包括教室、虚拟教室、基于 WEB 的课程、印刷品、光盘、视频、电子邮件、电话、教练与导师、电子绩效支持系统（EPSS）、软件模拟、在线协同、自定步调的 E-Learning。此外，移动和无线通道现已成为教育技术领域研究的热点，能有效地助力课堂教学变革。

　　混合学习环境下的教学设计就是通过服务学生的学习过程，设计以提供学生主体进行实践活动的环境，将更具有生命活力和人文关怀的理念融入学生学习的过程中来，关注人的整体性和完整性发展，关注人与环境的和谐统一，引导学习者在保证生存基础、个人发展、生存环境、人文环境和谐统一的基础上，完成智慧升华的过程。在这个过程中，教育是本体，技术是手段，人的和谐发展是目标。

第一节 微课程设计与制作

案例启思

张老师曾经外出听过一节课，课堂上出现一种新"怪"现象，他们的课堂表面是热热闹闹，声、光、电一起上，实则一片荒芜。

教室里没有了教师的讲台，学生课桌的摆放也由传统的"秧田式"变成了"对桌式"，学生对面而坐，结成合作伙伴。教室周围三面是黑板，学生可随时在黑板上进行展示与反馈。课堂上，学生有的坐着，有的站着，可随时发表自己的见解，对同伴的发言进行补充或更正。教师则在下面与学生融合在一起，然后时不时地插上几句，如果不是穿着特有的校服，便不容易一眼识别哪是学生，哪是老师。这里的课堂，学生真的是动起来了，主体地位得到了凸显，主体性得到了最大程度的发挥。课后，张老师和一个课堂上一直"默默无闻"的小女孩交流，问她："你学会了吗?"她说："我能听懂，但是一做题就出错。"张老师又和另一个表现很"活跃"的男孩子交流，他却说："这个内容课前我就会，我在课后班都学过了。"在"表面繁华"的背后又有多少"真金白银"呢? 这样的课堂不是我们所倡导和追求的课堂。

问题剖析

这里的课堂，学生表面上是真的动起来了，各种多媒体都应用上了，学生主体地位得到了凸显，主体性得到了最大程度的发挥，可是，面对这热热闹闹的景象，我们都陷入了深深的思考。

反思我们很多老师的课堂教学，学生在深度学习、高阶思维上是有欠缺的。学生应对死记硬背的知识尚可，一旦遇到新的问题，需要转个弯或者需要深入一步学习，学习思维就停止了。如何丰富教育教学的内容和形式，吸引不同层次的学生真正投入到学习活动中来，学会学习？如何满足学生对不同知识点的个性化学习、按需选择学习内容，引导不同层次的学生按照各自不同的"节奏"学习，满足学生不同的学习需求，而因材施教呢？

如果你曾被上面的问题困扰过，那么，微课程这种形式也许可以助你一臂之力。这是一种崭新的学习方式，耗时短，效率高，适合订单式自主学习，能帮助学生突破重、难点。

一、什么是微课程

微课程是"微型视频网络课程"的简称，它是以微型教学视频为主要载体，针对某个学科知识点（如重点、难点、疑点、考点等）或教学环节（如学习活动、主题、实验、任务等）而设计开发的一种情境化、支持多种学习方式的新型网络课程资源。

微课程是基于课程目标，按照一定的逻辑开发的多个微课的集合。教师在混合学习环境中应用微课程资源，能够丰富教育教学的内容和形式，提供多条信息传递通道，可在课前、课中或课后灵活使用，可以提高学生自主学习的能力和学习效率。在日常教学中，教师可以根据教学需要选用成熟的微课程，也可以设计、制作或修改微课程。

微课程所讲授的内容呈"点"状、碎片化，微课程是课堂教学的有效补充形式，其不仅适合于移动学习时代知识的传播，也适合学习者个性化、深度学习的需求。

二、微课程的特点

微课程与传统的课程相比，它的主要特点体现在以下方面。

（一）简洁、精练

学习者在学习的过程中，注意力的保持时间是不同的，时间越久，注意力越难保持，学习效果也就越差。微课程创造了一种"5分钟学习模式"，所谓的"5 分钟学习,300 秒思考";"微"字优先,"微"中见大。时间"微"——只有 5 分钟,若干个微时间会形成"1+1>2"的效应;内容"微"——一次一个知识点,积少成多,四两拨千斤;目标"微"——每次启发一点点,量变引发质变。微课程能在短时间内调动学生的积极性,完成学习,它在正式和非正式学习中受到普遍欢迎,前景良好。

(二)内容精彩

微课程拥有生动形象的视频画面,教学内容呈现方式诙谐幽默,充满趣味性,更利于学习者接受和记忆。

(三)时间灵活

在这个知识更新迅速的时代,不及时更新自己的知识就跟不上时代前进的步伐,利用微课程,学习者可以对需要学习的内容做出灵活的时间选择和安排,可利用宝贵的零碎时间进行自主学习,而这种学习方式也被证明是最有效的。

(四)易于实现

智能手机、平板电脑、掌上电脑等移动设备的出现,可以使我们随时随地进行学习,大大提高了自主学习的可能性。在移动学习的背景下,微课程在设计时也要考虑一些其他的特点,例如,移动终端的自身特点、网络的制约等,只有方方面面都考虑好才能设计出科学、合理、富有个性化特点的微课程。学习者可以随时暂停播放,陷于思考,也可以在不甚理解的时候倒回去重播,一遍乃至数遍,直到实现学习目标为止。

三、微课程的内容与类型

微课程通常选取某一知识点、技能点、专题、实训活动作为选题,针对教学中常见的、有代表性的问题或内容进行设计。微课程选取的教学内容要尽量"小而精",要具备独立性、完整性、示范性、代表性,以便于有效解决教与学过程中的重点、难点问题,易于设计出深入浅出、通俗易懂、短小精悍的作品。微课程注重学习方法或工作方法的传授,学生用学到的方法去学习新的理论知识、实践技能或解决实际问题。当学生在学习的过程中遇到疑难时，教师可以及时用微课程进行讲解，达到事半功倍的效果。

微课程主要包括问题课程、策略课程、故事课程、研究课程及品牌课程等类型，并且在中小学应用较多。问题课程基于对问题细节的深度剖析，激发学生积极思考；策略课程通过介绍策略，帮助教师解决教育教学中的实际问题；故事课程通过讲述故事，启迪教育实践；研究课程通过介绍教研方法，提升学校研修质量；品牌课程主要围绕学校的示范性或特色专业品牌来打造，介绍专业建设方法、成效及亮点。

随着对微课程的研究和应用的逐步深入，人们开始将微课程按照课堂教学方法、课堂教学主要环节等分类。按照课堂教学方法来分类，微课程可分为讲授类、问答类、启发类、讨论类、演示类、练习类、实验类、表演类、自主学习类、合作学习类、探究学习类等；按照课堂教学主要环节来分类，微课程可分为课前预习类、新课导入类、知识理解类、练习巩固类、小结拓展类。此外，还有一些与教育教学活动有关的微课程类型，如说课类、班会课类、实践课类、活动课类等。

从微课程的设计素材看，微课程主要是教师利用自己、同行或专家的素材开发的。另外，教师还可以通过图书、文章、影视录像进行碎片化处理，形成"图书课程""文章课程""电影课程"等多样化的微课程。这些微课程可以有效地帮助教师解决实际教学中存在的教学难点。

解决策略

一、微课程设计与制作的原则

设计制作微课程之前，教师必须明确微课程的用途是什么，该知识点适合何种媒体表达方式，通过该微课程能否将知识点讲清楚等问题。微课程设计与制作要遵循以下原则。

1. 一定要简短。一般微课程的长度，小学不超过 7 分钟，初中不超过 10

分钟，高中不超过 20 分钟。

2. 一个话题。一个微课程只讲一个知识点、一个实用策略、一道例题或习题、一个实验操作过程等。一个视频一个话题，一堂课可以有多个视频。

3. 要有互动性。学生不仅看视频，他们还应该做一些与视频相关的事情，学生可记笔记，借助"学习指导单"或"在线工具"回答问题，实现对视频中提问的回应。

4. 直观易理解。微课程尽量减少文字量；选择合适的内容结构序列；通过标注、放大关键点、拉近拉远、镜头快慢、加字幕等方式突出重点、难点；注重过程中与学习者的交互；结束时要有简短的回顾和总结；注重一对一学习氛围；课程教学情景要具有相对的独立性。

5. 视频要保证音质。视频中最好有不同角色，给人带来生动活泼的感受。

6. 视频内容要有完整的教学活动过程，如引入课题、内容讲授、总结、训练作业等。

7. 制作学习指导单或学习清单。微课程在实施时，常常需要配合使用学习指导单或学习清单。学习指导单的内容包括像填空题、判断题、简答题似的学习笔记清单，可同时带有必要的图表、视频二维码、问卷二维码、各种资源二维码等内容，方便学生直接打开视频、问卷或各种辅助资源。学习清单的内容包括学生记录视频中不理解的问题，在课上，学生小组内就彼此不理解的问题进行互动解决，再将组内无法解决的问题分享给老师。觉得自己完全掌握了的学生可总结一下自己学到的内容。

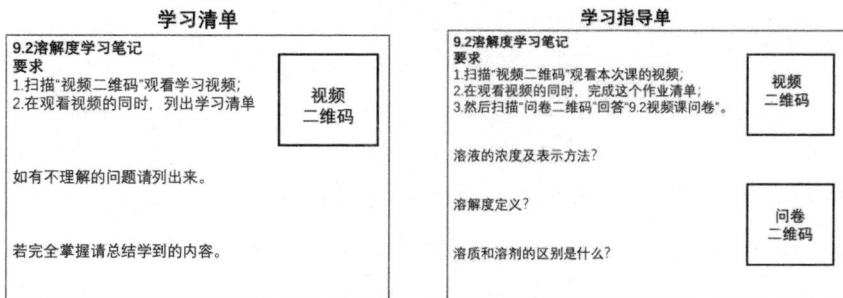

图 1　学习清单和学习指导单

二、微课程的设计与制作流程

下面以小学数学"尝试与猜测（鸡兔同笼问题）"为选题内容说明微课程开发的一般流程。

微课程的设计像建造大楼一样，需要从设计到施工，按照流程进行工作。一般而言，微课程的开发流程包括选题、设计、教学准备、录制视频、后期加工、反思与修改、上传到平台7个步骤。（如图2所示）

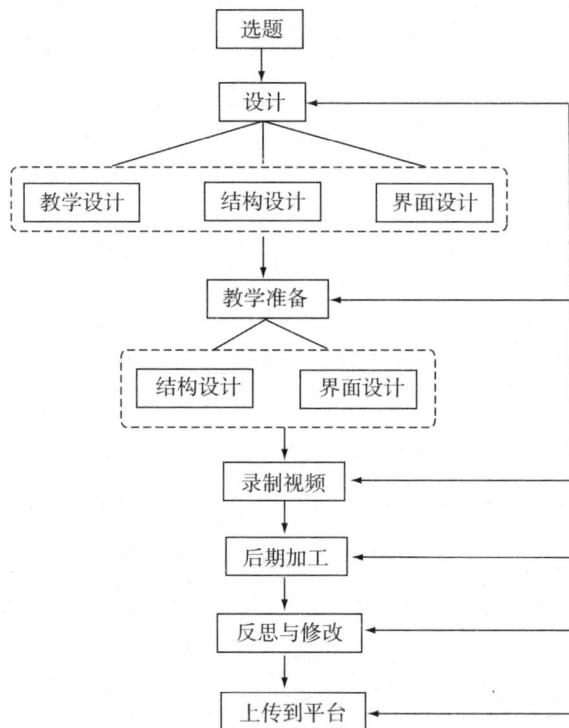

图 2　微课程开发的一般流程

(一) 选题

合理选题是微课程开发的第一步，也是关键的一步，它反映了微课程的内容，关系到微课程的核心价值。选题的形成本身也是一个研究的过程，既需要丰富教学经验的积累，也需要较强科学研究的洞察力和预见性。

微课程的选题一般分为以下两大类：

1. 需用活动图像呈现的教学环节

视频的特点之一是动态性，擅长表现运动变化的事物、现象和过程，而这些也是其他教学手段所不易表达的。因此，微课程在这些领域选取课题，能够充分显示它的优势。

用活动图像呈现的教学环节可以分为两大类：

一类是直接通过事物的运动状态和过程揭示事物的本质和特性的课题。例如，生物课的微课通过介绍某类动物的生存环境和本身活动有关的镜头就能概括出该类动物的生活习性。上面举的是自然科学的例子，在社会科学中也存在该类课题。例如，表现中国现代史的一些纪录片是说明当时历史背景与革命性质、特点的重要材料。

另一类是通过具体的活动图像论证、解释，从而间接验证科学原理的理论性较强的课题。我们可以制作此类微课程讲解较大的论证题，清晰呈现解题思路和知识要点，克服黑板重现力差的缺点，大大提高学习效率。我们还可以制作此类微课程来总结一个知识板块，结合知识概念图，清晰呈现该板块的学习要点，方便学生查找不足。

2. 教学的重点、难点分析

课程标准中明确规定的教学重点是实现课程教学目标的重要教学内容，是一些基础知识与基本技能，是基本概念、基本规律及由内容所反映的思想方法，也是学科教学的核心知识。教学难点是大多数学生不易理解的知识，或不易掌握的技能技巧。通常意义上所说的教学难点的内容与学生已有的认知水平之间存在较大的落差。难点不一定是重点，也有些内容既是难点又是重点。我们可以选取此类课题，深入教材，认真准备，抓住教学重点，突破教学难点，使学生更容易理解和掌握教材的基本知识。

我们选取小学数学"尝试与猜测（鸡兔同笼问题）"制作微课程的理由如下：

其一，"鸡兔同笼"问题是北师大版五年级上册中的内容，旨在培养学生的逻辑推理能力，它虽是数学中的一个"微"问题，却是教学中的重点和难点。

其二，在传统教材中，"鸡兔同笼"问题都是以提高题出现的，面对的是少部分学有余力的学生，而在新教材中，此问题成为面向全体学生的教学内容，因此，教材提供的这部分内容又具有很强的挑战性。从这点来看，选"鸡兔同笼"为授课内容，体现了微课程的广度和深度。

其三，在生活中有很多的数学实际问题与"鸡兔同笼"的数量关系类似，而这些问题都可以通过"鸡兔同笼"的思路得到有效解决，此题型具有广泛的代表性，这点恰好符合"微课程关注于生活中的实际问题"这一特点。

所以小学数学"尝试与猜测（鸡兔同笼问题）"非常适合做微课程。

（二）设计

设计是微课程开发流程中最关键的一环，它是形成微课程总体思路的过程，是微课程开发的具体蓝图。总体设计包括教学设计、结构设计、界面设计。

1. 教学设计

教学设计就是运用系统科学的观点和方法，分析教学内容和教学对象，确定教学目标，建立教学内容结构知识，选择和设计恰当的策略和媒体，设计形成性练习和学习评价的过程，通常包括学情分析、教学目标的确定、教学内容分析、教学媒体的选择4个主要环节。

首先，学情分析，即学习者特征分析。此课程的学习者是五年级学生，他们的学习特点主要表现在以下几个方面：一是已经完全具备假设—演绎思维、抽象思维和系统思维的能力；二是好奇心强，五年级学生对好玩有趣的学习内容具有强烈的兴趣，所以课程设计时应尽量保持趣味性；三是缺乏学习主动性，五年级学生缺乏主动学习的能力，而微课程针对的又是学生的零散时间，所以微课程设计时必须要保证学习的效率。

其次，教学目标的确定。知识与技能目标：理解具体问题中的数量关系；

会用多种方法解答类似问题。过程与方法目标：经历和体验用抽象思维和逻辑推理来解决实际问题的过程；体会"列表法"是刻画现实世界的有效数学模型。情感态度与价值观目标：通过有趣的估算题培养学生的好奇心和求知欲，增强学生学习数学的自信心；渗透数学文化，关注学生的探究精神等。

再次，教学内容分析。"尝试与猜测（鸡兔同笼问题）"问题选自小学数学北师大版五年级上册第99页内容，授课课时为一课时。经过调查发现，由于本内容抽象度较高，学生不易理解，所以一课时的授课效果并不理想，鉴于此，笔者选取其中的一个典型案例作为内容开发微课程，当作授课内容的一个补充，希望能帮助学生进一步理解此内容。

最后，教学媒体的选择。教学媒体的选择是教学设计中的一个重要环节，其选择的基本原则包括以下几个方面。一是目标控制原则。教学目标是贯串教学活动全过程的指导思想，不仅规定教学活动的内容和方式，指导学生对知识内容的选择和吸收，还控制媒体类型和媒体内容的选择。二是内容符合原则。学科内容不同，使用的教学媒体也不同，即使是同一学科，各章节的内容也不一样，对教学媒体的要求也不一样。三是对象适应原则。不同年龄阶段的学生，其认知特征有很大差别，教师在进行教学媒体的选择与设计时，必须充分考虑不同年龄阶段学生的认知特点，绝不能套用某种固定的、僵化的模式。针对以上教学媒体选择的基本原则，本案例选取多媒体计算机作为教学媒体。

2. 结构设计

微课程的结构设计是教学设计的延续和具体反映。根据教学内容和教学目标，依照特定的教学思想、学习理论组织教学内容顺序以及教学控制策略，就是微课程的结构设计，最终以表格的形式呈现。微课程结构体现着特定的教学思想、学习理论、教学内容。不同的教学内容，依据教学思想、学习理论的不同，往往微课程的结构也不同。我们可以从总体结构、教学内容结构以及内容控制结构3个角度进行微课程的结构设计。

（1）总体结构设计。一般而言，微课程的基本构成包括片头、主要内容、片尾3个部分。片头的呈现是在微课程最开始的几秒，通常用来告知使用者关于微课程的基本信息，例如，主题、设计者与开发者及联系信息、版权信息等；主要内容就是进行知识点的讲解或者教学环节的呈现；片尾主要说明制作单位、人员、鸣谢、日期等。

（2）教学内容结构设计。微课程的内容结构设计就是向学习者展示各种教学信息，用于对学习过程进行诊断、评价、处理和引导的各种信息，以及实现学习过程控制策略和学习过程的控制信息。微课程的内容常规结构是由引入、讲解、复习、预告4个部分组成的。

（3）内容控制结构设计。微课程的内容控制结构常采用的方式有线性结构、树状结构、网状结构以及混合结构四种。"尝试与猜测（鸡兔同笼问题）"采用的内容控制结构是线性结构，学生按教师讲解的顺序接收信息，教学内容是预置的，结构也比较固定。微课程一开始先给出"鸡兔同笼"的典型例题，然后用多种方法进行解答，目的在于培养学生的抽象思维能力和逻辑推理能力。

3. 界面设计

界面设计包括3个基本原则：第一，趣味化原则；第二，简明化原则；第三，统一风格原则。趣味化原则指微课的制作者应根据知识内容的不同，在每一个环节中综合运用视听手段和剪辑技法，把枯燥复杂的学习内容做艺术化、趣味化的处理；简明化原则是指在短短的几分钟之内，要求呈现的界面内容简洁，不要有过多的无关修饰，如小动物之类的；统一风格原则要求界面设计应该让人看了之后有整体上的一致性感觉，如所有正文文字、标题文字要力求一致，等等。

（三）教学准备

教学准备主要是准备教学所用的资源包，包括导学案、测验题课件，在讲课需要的情况下，还包括教学用具的准备，主要是模型、道具、实验器材等。微课程是一节完整课程的浓缩，因此，这些准备工作是十分必要的。

（四）录制视频

微课程的录制主要有两种方法，一种是录屏，还有一种是拍摄。

（五）后期加工

后期加工主要包括片头、片尾、提示性画面或音频的插入。片头主要是显示标题、作者、所属学科、教材、单元等信息，片尾主要是制作单位、人员鸣谢、日期等。提示性画面或音频的插入主要是为了集中学生的注意力。使用电脑或移动设备进行微课学习的学习者，由于外界环境的干扰和学习时的随意心理，往往参与度不是很高。所以在后期加工时，要加入督导环节，借用鲜明的提示性画面或警示性音频素材，回笼学生的注意力，强调学习的重要内容。

（六）反思与修改

反思应贯串微课程设计与制作的整个过程之中，既有设计过程中的反思，又有实践过程中的反思，还应包括实践后的反思。教师不断地思考，不断地总结，为以后制作微课程积累了经验，有助于提高微课程的质量。

教师通过重新审视回顾教学的过程，增加新的想法或修改自己认为不满意的部分，以达到精益求精的效果。

（七）上传到平台

微课程制作完成以后，教师可以登录到相应的网站平台进行上传。这里的"网站平台"可以是中国微课、凤凰微课等微课的专题类网站，也可以是所在学校组建的网站，还可以是教师自己的视频网站账户（如优酷、土豆等）。为了保证在线播放的流畅，微课的文件最好不要超过 20M，必要时可以使用格式工厂进行格式转换。视频格式一般为支持网络播放的流媒体格式，如 rm、wmv、flv 等。

三、微课程制作过程中要避免的问题

(一) 微课程忽视"课程"的完整性

微课程作为新兴的一种微型的课程形式,必须要包含常规课程所包含的内容,要有具体化的教学目标、系统性的教学内容、生动的教学活动以及反馈评价等。但是从案例中,大部分找不到完整性,制作者在无意识的情况下忽视了课程的本质和价值。

(二) 拘泥于传统课堂知识讲解

微课程的兴起使教学环境发生了变化,课堂不再是教室,教师讲解时不再是一对多的单一模式,而是可以一对一,一对 N 进行直接的交流。教师要树立起网络传播知识的形式与传统方式的区别。我们从案例分析中发现,对于教学内容的传递方式,很多教师仍沿用课堂上的单一讲解,没有充分利用网络资源以及学生猎奇的心理。传统课堂扎实的知识内容我们要汲取,同时我们也要充分结合网络资源,这样才能制作出优秀的作品。

(三) 微课程不仅能用于课中对部分新知的学习,还可以用于课后疑难问题辅导等方面

课中使用微课程的原则是要解决传统教学中的困难,达到优化教学的目的。学生利用微课程,可以根据学习需要自行选择播放视频的时机及播放的次数。微课程能解决传统演示难题,能缩短演示时空,完整呈现演示过程等,确保学生直观理解,系统掌握核心知识与思想方法。课后辅导答疑视频的内容要以课堂教学过程中的疑难问题为主要内容,目的是为部分学困生提供支持和帮助。因此这类微课程的设计要详细具体,不要跳过任何学习过程,尽量做到清晰易懂,实现对学生的差异化辅导。

(四) 微课程制作技术欠缺,缺乏趣味性

不论是案例分析,还是问卷调查都反映了微课程制作技术欠缺的现状。一线教师的学科专业知识扎实,但要将专业知识以微课程的形式呈现,却难

过技术这一大难关，所以在现有的案例中，优秀的作品很少，大都是半成品。很多教师期望拥有培训的机会，提高自己的信息素养。在制作微课程的过程中，教师要注意教学内容的实效性、趣味性、吸睛点。

（五）缺乏与学习者之间的互动设计

师生间的互动有利于提高学习者的积极性，也有助于教师得到学习者的反馈。讲解者与学习者之间要建立沟通的桥梁就需要互动交流来完成。但是很多案例中并没有体现这一点，特别是有的微课程以课堂实录的方式展现，就更加拉远了与学习者之间的距离。有的案例在讲解的过程中以教授学校的练习册来进行课后习题反馈，但视频中并没有展现习题内容，这是不提倡的。

规避以上问题，制作者要学会站在学习者的角度去考虑，思考他们需要什么样的知识传递模式、需要什么样的讲解互动等问题。

样例展示一

北师大版小学数学六年级下册"面的旋转"微课程

一、内容说明

（一）本节课的最大特点是从"静态"到"动态"，也就是由整体认识立体图形转化为平面图形经过旋转形成几何体的过程，以帮助学生更好地理解现实中的三维世界，感知它们的形成过程。

（二）思路来源

我们都知道长度、面积和体积是"空间与图形"知识中的一组最为基本的度量概念，教材一般将长度、面积和体积分别编排在不同年级，这样图形教学的知识点就分散在了各个年级，在学生脑海里留存的是点状散乱分布的一个个知识点，弱化了不同知识内容的内在联系，基于以上情况，在本节微课中，教师巧妙地将一维的长度概念、二维的面积概念和三维的体积概念进行梳理，引导学生整体把握知识，使学生在学习中建立起从一维到二维，然后到三维的空间观念。

（三）学情分析

此前，学生已经直观地认识了长方体、正方体、圆柱，也初步了解了长方形、正方形、三角形的性质，这些为本节课的探究学习奠定了很好的知识基础；生活中无处不在的几何图形，也使学生积累了丰富的生活体验。

根据以上分析，确定了本节课的学习目标：

1. 体会"点、线、面、体"之间的关系。

2. 了解圆柱和圆锥的基本特征，知道圆柱和圆锥各部分的名称。

3. 培养学生的空间观念。

本节课在微课的制作过程中也是紧紧围绕以上学习目标展开的。

二、微课设计说明

1. 微课内容

本节微课共分为5个环节：观赏中感悟、认知中建构、实践中感知、思考中升华、回顾中总结，分别对应相应的学习内容，即生活中的图形、点线面体之间的关系、认识圆柱和圆锥、图形的归纳整理以及本课小结。

2. 微课的创新之处

如果说从前我们学习图形是用摆图形、数图形的方法得出结论的话，通过观看本节微课，学生将感受到"点动成线""线动成面""面动成体"，学生可想象"线""面""体"的形成过程。

3. 微课的优势

为了弥补学生课堂实践操作的误差而造成空间想象障碍，教师充分运用微视频将平面图形经过旋转形成立体图形的过程生动、逼真地再现出来，帮助学生将抽象的空间想象化为直观，课上再进一步结合学生的实践操作，促进学生空间观念的形成。

三、学习指导

每一个学习目标都会有一个相对应的学习任务，每一个学习任务都有相应的学习指导，以帮助学生克服自学中遇到的困难，使学生顺利完成课前学习。

学习过程设计，主要是帮助学生顺利完成课前学习，同时积累相应的数学活动经验和数学思想方法。

学习评价设计，目的是提高学生自主学习的积极性，培养学生的各种技能以及提升学生的学习能力。

为了满足不同水平学生的学习需求，方便学生自主学习和个性化学习，在学习平台上，教师还设置了有问必答环节，以解决学生在学习中的困惑，帮助学生顺利完成学习任务。例如，这里有圆柱的各部分名称、圆锥的各部分名称、怎样测量圆锥的高等知识的视频。同时，针对一些在学习上有余力的同学，教师还提供了课外相关资料链接，以拓宽学生的知识面，激发学生的好奇心。

四、实践与应用

本节课主要分为两次学习过程：课前学习和课上学习。课前学习主要是学生通过观看微视频，填写自主学习任务单并完成前测题，完成课前学习活动。表1是课上学习小组协作环节，在问题讨论的过程中若出现问题，学生仍然可以选择性播放具有针对性的视频，进一步内化相关知识。

表1 "面的旋转"课上学习

课例名称	面的旋转		
学段学科	小学数学	教材版本	2011 北师大版
章节	第一单元	年级	六年级下册
教学目标	知识与能力目标： 1. 认识圆柱、圆锥，了解圆柱和圆锥的基本特征。 2. 知道圆柱和圆锥各部分的名称。 过程与方法目标： 1. 体会点、线、面、体之间的关系。 2. 在参与数学活动中积累活动经验，丰富对现实空间的认识。 情感态度与价值观目标： 学会独立思考并积极与他人分享自己对问题的独特理解。		

课例名称	面的旋转
教学重难点	教学重点：联系生活，在生活中辨认圆柱和圆锥体的物体，并能抽象出几何图形的形状来。 教学难点：初步了解圆柱和圆锥的组成及其特点。
教学过程	一、教学流程图 二、教学过程设计思路及有效实施

一、教学流程图

```
——— 课前学习 ———              ——— 课上学习 ———

┌─────────────────┐          ┌─────────────────────┐
│ 课前自主学习任务单 │          │ 任务定向（反馈、检测） │
└─────────────────┘          └─────────────────────┘
┌─────────────────┐   ==>    ┌─────────────────────┐
│ 相关学习资源（微课等）│          │ 协作探究（分析、评价、比较）│
└─────────────────┘          └─────────────────────┘
┌─────────────────┐          ┌─────────────────────┐
│ 利用网络平台讨论交流 │          │ 展示交流（质疑、解疑） │
└─────────────────┘          └─────────────────────┘
                             ┌─────────────────────┐
                             │ 课堂评测（多角度、多方式）│
                             └─────────────────────┘
                             ┌─────────────────────┐
                             │ 知识内化（总结、反馈） │
                             └─────────────────────┘
```

二、教学过程设计思路及有效实施

【课前导入】

师：我们生活在一个图形的世界，各式各样的图形与缤纷多彩的万物共同装点着我们生活的空间。这节课我们就走进图形的世界去探寻其中的奥妙。

师：我们在生活中遇到的任何建筑，抽象出来也都是一个个的图形，而这些图形都是由面包围而成的，面与面相交成线，线与线相交成点，这些点、线、面、体共同构成了我们的图形世界。（师出示思维导图）请你也来找一找生活中的图形。（生举手回答）

点、线、面、体的关系

```
        ┌ 点——线与线相交而成 ┐                    ┌ 三角形
        │                    │                    │ 长方形
几       │ 线——面与面相交而成 ├ 平面几何图形 ┤ 正方形
何       │                    │                    │ 圆
图       │                    └                    └ ……
形       │ 面——包围着体的部分
        │                                          ┌ 圆柱
        └ 体——几何体 ——→ 立体图形 ┤ 圆锥
                                                    │ 长方体
                                                    └ ……
```

续　表

课例名称	面的旋转
教学过程	师：通过课前学习，同学们对"面的旋转"一课都学到了哪些知识呢？（生举手回答）（师以关键词的形式板书） 生1：我知道点动成线、线动成面…… 生2：我知道圆柱和圆锥的特征…… （一）任务定向 师：同学们知道得真多！那么，通过刚才的讨论你还有哪些问题没有解决呢？下面请同学们先在小组内与你们的同伴说一说，这期间也可以回放一下微视频的片段，找到解决问题的思路。最后把小组交流过程中还不能解决的问题记录下来，上传到讨论组里与大家分享，一会儿我们全班再进行讨论。 【设计意图】本环节的设计目的有两个，一是检测学生课前的学习情况，二是引导学生进一步探究圆柱和圆锥的结构特征。 （二）协作研究 师：（总结学生提出的问题）老师也研究了我们在自主学习任务单中提出的问题，对这些问题进行归类梳理总结，向大家提出三道讨论题，你们也许在解决这三个问题的过程中就能够解决心中的疑惑，如果还有问题的话，我们可以在讨论交流的过程中提出来，大家再一起进行讨论。 **讨论题：** 1. 观察并想象硬纸片快速旋转后所形成的图形。 2. 圆柱和圆锥分别有什么特点？与同伴交流。 可尝试用两块橡皮泥，捏成圆柱和圆锥，用看、滚、剪、切等多种方式探索圆柱和圆锥的特征。 3. 如图，把下面的立体图形切开，想一想切开后的面分别是什么形状。

课例名称	面的旋转
教学过程	教师出示三道讨论题，学生以学习小组为单位进行讨论，小组内采用对话、商讨、辩论等形式对问题进行探究。在交流过程中，学生遇到不懂的地方，可自行回放微视频，有针对性地进行个性化学习。 　　【设计意图】从深入理解圆柱和圆锥的结构特征的角度，让学生从生活中的简单现象感受圆柱和圆锥的本质特征。学生通过问题讨论，进一步内化以下相关知识：圆柱和圆锥的本质特征；面和体之间的关系。 　　（三）展示交流 　　师：每个小组在老师这里领取一个问题进行研讨，根据自己的已有经验解决相应问题，如在解决时有困难，可让组外同学补充。 　　师：同学们，准备好了吗？大家学习的劲头真大，哪一个小组想要第一个与大家分享一下你们的想法？ 　　【设计意图】个人或组间通过多种方式在班里进行表达、交流，最后互相补充，归纳总结出圆柱和圆锥的结构特征。这个环节也是解决学生在课的初始提出的问题的最佳时间。 　　（四）课堂评测 　　师：刚才的问题，同学们认真思考、积极交流、团结协作，学得很投入。接下来老师要检查一下大家的掌握情况。同学们请在网络平台上独立完成本节课的课堂评价测试卷，开始吧！ 　　【设计意图】学生将在网络平台上独立完成本节课的课堂评价测试卷，此环节的目的是考查学生对于本节课知识的掌握情况，另外，教师可以针对具体内容进行讲解，从而有效突破重难点。 　　（五）小结收获 　　师：同学们在这节课的学习中，你有什么收获呢，自己想一想，一起来总结一下吧！ 　　生1：我学习了…… 　　生2：我体会到…… 　　师：这节课我们体会到了点、线、体之间的关系，还认识了圆柱、圆锥两位新朋友，知道了学习过的图形可以划分为立体图形和平面图形。今天我们对圆柱和圆锥暂时研究到这里，下节课我们还要深入研究它们的相关知识。 　　【设计意图】引导学生整理、复习、巩固所学知识，为后续学习奠定基础。

　　本节微课的设计旨在帮助学生体会一维和三维之间的关系，帮助学生丰富对现实空间的认识，提高学生的空间想象能力，发展空间观念。

表 2　自主学习任务单　　　　　　　　姓名：

课程名称：　北师大版小学数学六年级下册"面的旋转"	
知识点来源：面的旋转　学科：数学　　　年级：六年级 教材版本：2011 北师大版	
1. 学习目标：通过观看教学视频，完成"自主学习任务单"规定的任务 （1）体会点、线、面、体之间的关系 （2）掌握圆柱和圆锥各部分的名称，知道圆柱和圆锥的基本特征 （3）了解图形可以分为平面图形和立体图形 （4）感受数学源于生活，在参与数学活动中积累活动经验	
2. 学习任务	6. 学习指导
任务一： 感知	生活中点动成线、线动成面、面动成体的例子有很多，你能找到吗？
任务二： 探索	像这样，自制硬纸片，动手操作并观察想象硬纸片快速旋转后所形成的图形。转动起来会形成什么图形呢？

（第一行右栏续）我们生活在一个图形的世界。点、线、面、体共同构成了我们的图形世界，相信你一定能找到

（第二行右栏续）在动手操作时，需快速转动手中的硬纸片，可以先想象，再操作，最后回想

任务三：检验	下面图形中哪些是圆柱或圆锥？在括号里写出名称，并标出底面直径和高。 （　　）　（　　）　（　　）　（　　）	想不起来的时候可以重新观看微视频，随时按下暂停键哦
任务四：总结	请你用思维导图形式绘制圆柱和圆锥的特征（也可以写在任务单背面）	可用关键词的形式，不明白的地方也可重新观看微视频

3. 学习支架

(1) 观看微课，填写自主学习任务单，完成课前自学

(2) 利用电子书包、云资源解决疑难问题，掌握所学内容

4. 学习过程

(1) 积极思考：一边观看微视频，一边完成以上学习任务，可随时按下暂停键，有不明白的地方也可以重新观看。想一想：圆柱和圆锥的形成与面的旋转有什么关系呢

(2) 动手实践：边操作边思考，不同的平面图形可以旋转出不同的立体图形；同一个平面图形能不能旋转出不同的立体图形呢？把你的想法记下来，我们课上再交流

			量化等级						积分
5. 学习评价	自主学习	评价内容	评价方法	5	4	3	2	1	0	
			1. 学习有记载，积极思考老师提出的问题							
			2. 能借助工具、电子书包找信息解决疑难							
			3. 自主学习并按时完成任务							
			4. 能及时发现问题并记录							
			5. 会向老师、同学提问或请教							

【样例评析一】

课前学生观看微视频，面对同一个情境、同一个问题、同一个内容却有着不同的理解，提出的困难与问题也是不一样的，那么关注学生个性化学习过程，学会欣赏他人的生活经验和思维方式的独特性和多样性，学会独立思考并积极与他人分享自己对问题的独特理解，就成了这节课培养学生的核心素养。学生的认知水平有差异，对于具体数学对象的直接经验以及生活经验都有所不同，对于圆柱和圆锥的认知程度也有所不同。例如，圆柱可以看作由一个长方形绕着一条边旋转一周而形成的，也可以看作由一个圆形向视频展示那样平移得到的。课堂上，教师鼓励学生勇于提出自己的问题、发表自己的意见，大胆主动地与同伴进行合作、交流。交流的过程就是思考的过程，也就是积累与收获的过程，相信每个问题的解决都是内化圆柱和圆锥结构特征的过程。

1.视频展示，从生活实际引入，激发自主学习的欲望

在课的前期准备中，教师通过寻找生活中经常见到的点动成线、线动成面、面动成体的现象，使学生具体感知数学应用的广泛性，调动学生学习的积极性。

2.重视激发学生的求知欲

在小组协作环节，教师注重通过微视频引导学生自主学习，提高学生的想象能力，发展空间观念。同时，在课堂上，学生可根据自身情况，选择观看微视频片段，有针对性地自主学习，达到完成学习任务的目的。

3.翻转课堂教学模式的应用，使学生的个性化学习成为可能

在这种课堂教学模式下，学生能根据自身情况来安排和选择自己的学习。课堂上，学生将预习中不懂或者感兴趣的问题，以探究的形式与老师、同学一起讨论解决。学生观看视频的节奏快慢全在自己的掌握中，可停下来慢慢回味或深度思考，甚至可以通过聊天软件向老师和同伴寻求帮助。这种教学

模式赋予了学生更多的可能性，不仅是时间上，还包括精神和思维上的自主与自由。

样例展示二

本课例选自长春市南关区新兴学校李丹老师的北师大版数学六年级下册"神奇的莫比乌斯带"一课。

1. 创设情境

课堂伊始，教师展示普通纸环，问："这个纸环有几个面？"学生轻松回答："两个面，里面一个，外面一个。"教师要求学生用不同颜色的笔在两个面的中央分别画线。

教师展示莫比乌斯带，问："这个纸环有几个面？"学生斩钉截铁地说："两个面！"教师找一名学生，把莫比乌斯带放在实物展台上，然后用不同颜色的笔在两个面的中央分别画线。其他学生认真观看，避免该生出现错误。画着画着，这条线就和起点重合了。

学生确定画线方法没有错误，可见，这个纸环不是有两个面，而是有一个面。

2. 观看微课

教师播放莫比乌斯带制作的微视频。所有学生跟着微视频，亲手制作一个只有一个面的纸环。

图 3 制作莫比乌斯带的微视频

然后学生通过画线来验证自己做的正确与否，并在小组内展示，互相教一教制作方法。教师板书"莫比乌斯带（环）"，学生明确这个不普通纸环的名字。

3. 继续探究

教师出示普通纸环，沿着画好的线剪开，纸环一分为二。教师提问："如果把莫比乌斯带也沿着画好的线剪开，会不会一分为二呢?"学生猜测，然后自己动手剪一剪。事实证明，莫比乌斯带剪开后没有一分为二，而是成为一个更大的纸环。

教师顺势提问："如果把莫比乌斯带三等分，然后剪开，又会是什么样呢?"学生猜测，然后动手剪，验证猜测。事实证明，如果在纸条上画两条线，把纸条三等分，再粘成"莫比乌斯带"，用剪刀沿画线剪开，剪刀绕两圈后竟然又回到原出发点。而且，纸带不仅没有一分为二，反而剪出一个两倍长的纸环和一个一倍长的纸环。更令人惊奇的是，两个纸环相互套在一起。

4. 拓展延伸

教师播放微课，展示莫比乌斯带在生活中的种种应用，拓宽学生的视野。

图 4　莫比乌斯带在生活中的应用

【样例评析二】

本节课从生活出发，运用观察、猜测、实验、验证等一系列活动，激发了学生探索问题、解决问题的兴趣，学生学习的热情高涨，学习效果良好。本节课的最大亮点是两个微课的运用。

如果教师在课堂上现场展示莫比乌斯带的制作方法，就会有学生看不到、看不清、看不懂。课中的微课演示完美避开了现场操作的弊端，还可多次播放、多次学习，极大地发挥了微课的优势，即时间短、内容少。

课堂的延伸拓展部分，教师又编辑制作了一部微课，集中而高效地展现出莫比乌斯带在生活中的应用，让学生感叹它的神奇。

工具索引

表 3　常用微课录制形式对比

录制方法	难易程度	微课效果	所需软件	推荐指数
PPT 旁白录制	简单	一般	少	＊＊＊＊
课件加录屏	一般	较好	一般	＊＊＊＊＊
视频录制	一般	一般	一般	＊＊＊
动画软件	较难	好	多	＊＊
特殊类微课	简单	较好	少	＊＊＊＊＊

1. PPT 旁白录制

最简单的微课录制形式就是使用 PPT 旁白录制的形式，它只需最简单的课件制作工具——PPT，教师在课件制作完成后启用旁白录制，录制完成后导出形成 MP4 视频，即可成为一节简单的微课。这种微课的优势在于使用原有课件加上教师的解说，即可完成微课的录制；对设备及软件的要求较低，教师不用学习新的软件，即可完成微课的制作。但其也有一定的局限性，教师的发挥空间较小，只能在 PPT 课件中完成，不能录制其他的内容。

2. 课件加录屏

采用课件加录屏软件的形式制作微课，这也是笔者常用的一种微课录制形式。这里的课件既可以是 PPT 制作的课件，也可以是白板软件或其他能够制作课件的软件所制作的课件。这种形式对比 PPT 录制旁白的优势在于，它除了可以录制课件中的内容以外，还可以录制电脑的一些基本操作及课件外的一些相关内容，操作更加灵活多样，同时它可以增加鼠标的一些特殊操作，比如说鼠标高亮、点击的一些特效等录屏软件专有的特殊效果，使微课更加形象、直观。常用的录屏软件可以使用以下几种：一是希沃剪辑师；二是Camtasia Studio；三是班迪录屏；四是 EV 录屏。

表 4 常用录屏软件的对比

录屏软件	操作难易	收费情况	功能	推荐指数
希沃剪辑师	简单	免费	基础	＊＊＊＊＊
Camtasia Studio	一般	收费	较强	＊＊＊
班迪录屏	简单	收费	强	＊＊＊
EV 录屏	简单	部分收费	强	＊＊＊＊

3. 视频录制

（1）希沃剪辑师是希沃推出的一款集屏幕录制和视频剪辑于一体的视频软件。它的优点在于操作简单，功能够用，制作者只需登录希沃账号，即可使用希沃剪辑师录制屏幕窗口或整个屏幕，录制完毕后，还可以使用希沃剪辑师的视频编辑功能，对视频进行简单的编辑操作，如截取、放大、缩小、去噪、增加转场效果等。

（2）Camtasia Studio 是教师常用的一款用于录屏和视频编辑的软件，它的操作比较简单。在没有推出希沃剪辑师之前，大部分教师微课的录屏都采用破解版的 Camtasia Studio 进行。现在这款软件做得越来越专业，功能也越来越多，但是操作的复杂程度也越来越大了，对于新手教师来说，它并不是十分友好，并且也开始成为收费软件。

（3）班迪录屏是一款比较专业的用于屏幕录制的软件。它的功能比较丰富，可以设置鼠标的高亮显示、点击的特殊效果、录制时声音选项的选择及各种快捷键的操作。对一些特殊场合（如游戏）的录屏，班迪录屏也完全能够胜任。同时这款软件对于 Camtasia Studio 动辄几百兆的体积来说，应该可以说是小巧，对计算机硬件的要求较低，安装及使用更加方便、灵活。同时班迪录屏软件录制的视频在保证清晰度比较好的情况下，采用先进的压缩技术，使录制的视频体积更小，更适合传播和保存。

（4）EV 录屏也是一款用于屏幕录制的软件，可以设置的内容也比较丰富。EV 录屏是一款部分收费的软件，它的免费部分完全能够满足我们日常的录制微课要求。

此外，我们也可以采用专业的录像设备或手机录制视频的形式制作微课，这种制作的方式比较适用于教师解题或手工操作的一些内容的录制，如剪纸、书法、学生实验等。录制的方法也很简单，将摄像机或手机用三脚架或手机支架固定好后，打开设备开始录制，然后在镜头前开始操作相应的内容，如习题讲解或进行实验，操作结束后，将视频进行简单剪辑，加上简单的片头或片尾，将不需要的或错误的内容删除掉，即可完成一个微课的制作。视频编辑软件可以使用希沃剪辑师或是 Camtasia Studio。如果教师对 Premiere、edius 等软件已有基础，也可以使用这种比较专业的软件。

4. 动画软件

采用专业的动画制作软件制作微课，比如优芽互动电影、万彩动画大师都可以制作出非常绚丽美观的微课作品。用这种方法制作微课最大的优点就是动画效果非常好，场景能够吸引学生的注意力，卡通的人物或动画形象比较适合低年级的学生口味。但这两款软件制作的过程较复杂，需要较多的时间完成相应的动画设置、素材选择等操作。动画软件不适合做大量的微课作品使用，可以在参加微课比赛或其他竞赛时精心雕琢一部作品参赛。

5. 特殊类微课

特殊类微课指采用专业的微课制作软件制作相应的微课，如采用希沃的知识胶囊录制、UMU 的语音微课录制。希沃胶囊是希沃推出的一款专业用于知识点视频录制的工具，分为电脑端和手机端，在电脑端和手机端均可录制知识胶囊。在制作好相关课件后，点击开始录制胶囊，教师一边操作课件，一边讲解相关的说明内容，在录制中可以增加相应的习题，录制结束后将知识胶囊的二维码或链接分享给学生，学生可在不安装任何软件的条件下观看胶囊，并完成教师布置的习题任务；同时利用胶囊制作的微课，学生可以对课件中的内容进行操作，如完成教师制作的课堂活动等。教师可在后台查看哪些学生完成了胶囊的观看和习题，哪些学生没有完成，这种形式有利于教师掌握学生的学习情况。UMU 的语音微课也是一种便于教师操作的微课，教师准备好几张图片后，即可开始语音微课的录制，选中第 1 张图片录入语音，然后再选中第 2 张图片，录入相应的语音，这样在几张图片展示完后，图片加语音的微课就可完成录制。语音微课的分享也很方便，教师直接将二维码或链接分享到学生群中，学生即可观看。教师在后台也可以了解哪些学生完成了语音微课的学习。这两种方法录制的微课最大的优点就是教师可以掌握学生的学习状况，从而能够更加方便地调控课堂的教学内容和进度，使教学更有针对性。

第二节　探究型学习活动设计

案例启思

张老师在教学"由立体图形到视图"一课时，让学生在课前制作了多种立体图形，如正方体、长方体、圆柱、圆锥等。在课中，张老师试图让学生通过画出的长方体的三视图，观察并得到"长对正、高平齐、宽相等"的结论。但张老师发现，部分同学并不能直接得到这个结论，需要在自己的引导下，发现三视图中主视图与俯视图的"长对正"，主视图与左视图的"高平齐",左视图与俯视图的"宽相等",而学生制作的模型有限,很难建立从立体图形到平面图形的转化,进而难以得出结论。但在使用 PAD 后,张老师发现,可以利用信息技术让学生将长方体的长改变,那么长方体的主视图与俯视图也随之改变,同样,也可以通过改变长方体的宽和高,发现三视图的变化,再经过小组合作交流共同得出结论,很好地解决了学生在初学立体图形的三视图时无法找出三视图长、宽、高之间关系的问题。张老师还通过电子书包答题检测实时监控学生对知识的掌握情况。

问题剖析

从以上张老师设计的探究型学习活动在实施过程中遇到的问题和他用 PAD 教学解决问题的过程,我们可以看出,设计探究型学习活动要重点关注两个问题:一是探究过程的资源支持;二是探究学习的小组反馈。

一、探究过程的资源支持

探究型学习强调的是学生获取知识的探究过程,在这个过程中,学生遇到了什么问题,选择了什么探究方法,如何解决问题,这是我们需要关注的问题。在传统教学中,教师只凭借粉笔、黑板来引导学生思考和探究问题,很难调动起学生探究问题的兴趣。在讲授平面几何和立体几何的问题时,教师通常让学生准备课前制作好的纸片作为教学工具来进行小组合作、讨论、交流,这虽然有助于学生巩固相关几何知识并锻炼动手能力,但由于制作的有限性及误差,在教学过程中,会造成探究的困难。

例如,在学习"正多边形铺设地面"一课时,学生可以将正多边形沿一个点作为顶点拼到一起,探究并发现,要满足无缝隙且不重叠的条件,需要正多边形的一个内角度数 $\times n = 180°$,那么对于这个探究活动的处理,大部分教师选择让学生小组合作交流、讨论得出结论,然后用教学课件展示给学生们正三角形、正四边形、正六边形等正多边形铺设地面的情况,这种方式虽然直观地展示了各种情况，但是缺乏学生的自主探究过程，学生只能通过想象去假设铺设的方式，当然，教师可以在课前布置任务，让学生制作正多边形，然后在课堂中进行探究。在混合学习环境下，教师可以选择利用电子书包这一工具，让学生自己尝试移动正多边形进行铺设，这样既激发了学生的探究兴趣，又能让学生在动手的过程中得出结论。

兴趣是最好的老师，兴趣是提高学习效率的重要因素，问题的探究首先要取决于学生的学习兴趣，探究型学习活动运用信息技术将文本、图形、图像及动画综合运用到课堂中，打破了传统教学中教学内容单一及抽象化的弊端，将知识更直观、更具体地展现在学生面前，调动学生的积极性，激发学生的求知欲。

二、探究学习的小组反馈

反馈与评价是探究学习活动中的一个重要环节，教师通过评价可以有效地监管学生的学习，改变学生的学习行为和态度，以实现学习成果的全面总结。在教学中，教师通常采用个人代表小组汇报或独立思考并汇报的方式，在学生回答的过程中，教师引导并规范学生的语言。探究型学习活动要求以学生为主体，每一位学生都可以发表意见，将自己的思考与他人分享，充分展示自己的思维方法及过程，在集体中发现不足，改进探究方法，教师要给学生足够的合作空间和反馈的机会。

评价探究结果和反思探究过程是探究型学习的最后一个环节，传统教学通过师生互动交流的过程反馈信息、总结经验、反思问题、提升认识，而混合学习环境为教师评价提供了更好的平台，学生可以通过投影，将小组的探究结果以小组合作展示、共同汇报的方式来讲解，或通过电子书包，学生拍照上传探究结果，教师可选择任一结果进行评价和分析。

解决策略

探究型学习活动是指教师在教学过程中通过设置情境引出问题，以学生独立自主学习和合作讨论为前提，让学生通过个人或小组的方式探究、讨论问题的活动。它强调的是以问题为导向，让学生有兴趣参与到学习活动中，培养学生独立的探究意识和动脑动手能力，同时培养学生小组合作的精神，让学生体会小组合作的重要性。而混合学习环境就是将传统学习方式的优势与信息化学习方式的优势相结合，既发挥教学过程中教师的主导作用，也利用信息技术手段，将网络信息与课堂相结合，发挥学生的主动性、积极性与创造性，以小组合作的形式，围绕信息技术手段开展自主学习。

学生在进行探究型学习的过程中，除了知识得到提升，思考问题的能力、探究能力、动手实践能力都能得到发展，并且通过互相交流、沟通的过程，能提出自己的意见和想法，从不同的角度去思考自己和他人的想法，通过集体性的探究活动，能促进自己个性化的发展，也能培养合作意识。

探究型学习的基本流程：

创设情境→分析问题→质疑点拨→自主探究→合作交流→总结反馈

一、创设情境，激发学习兴趣

学习兴趣是促使学生学习的内在动力，创设情境就是将问题蕴含于特定的场合中，在情境中提炼出需要探究的问题，其目的就在于激发学生对探究问题的兴趣，而探究型学习中创设的问题情境要紧紧围绕学生所要探究的知识，从学生已有的生活经验、认知水平出发，引导学生积极地参与探究活动。

问题情境能够解决教学内容中抽象与形象之间的矛盾，所以，教师要从学生熟悉的、感兴趣的、富有挑战性这三个方面来创设问题情境，学生对生活中经常接触和用到的知识最为熟悉，如果教师在创设探究型学习的问题时，能以生活中的问题为原型，通过构建数学模型的方式将其转换成数学问题，再从解决数学问题的过程中得到解决实际问题的方式，将有助于学生体会数学建模思想，学生能感悟到数学来源于生活并服务于生活。例如，"勾股定理的应用"一课，教师以彩带缠绕圆柱为问题情境，让学生思考彩带所需的最短长度，其思想就是将此实际问题转换为数学问题，将圆柱的侧面展开，由立体到平面，利用勾股定理找到最短距离，而求立体图形侧面展开图的最短距离即为这一问题的实质，教师在教学中可以提供长方体模型，或用多媒体动画展示帮助学生探究，让学生在探究的过程中体验解决问题的喜悦。

二、增强学生的参与意识，注重探究过程

在传统教学中，学生对知识的获取和运用都是通过教师的引导和讲授。学生通过抽象的文字、图形、表格等材料来学习，缺少对知识探索、体验的过程，而探究型学习旨在给学生营造浓厚的自主学习氛围，以学生为学习的主体，唤起学生的主体意识，激起学习需要。教师的教学行为由"带着知识走向学生"变为"带着学生走向知识"，学生的学习行为由"带着教材走进教室"变为"带着问题走向教师"。因此，在教学中，教师应不断给学生提供动手操作的机会，在动手的过程中，学生不仅掌握了知识，又提高了思维能力，在探究过程中亲自体会如何做。例如，在讲授"认识三角形的三线"一课中，教师可以让学生准备好锐角三角形、直角三角形、钝角三角形，引导学生思考如何找到三角形的三条高，并探究三条高的位置特点，那么，学生可以先利用折纸的方式，沿锐角三角形的一边对折，经过三角形一边所对的顶点向这一边画垂线，顶点与垂足之间的线段即为三角形的高，对折后发现，锐角三角形的三条高交于一点，再用三角板与直尺在学案中画出锐角三角形的高去验证这一结果，而直角三角形与钝角三角形可由画图发现结论。

信息技术的广泛使用使教师在进行探究型学习活动设计时，可以在小组合作讨论环节中，提供多种技术支持的图片、动画、视频等供学生使用，激发了学生的探究兴趣，课堂的教学内容、教学方式和教学手段对学生而言十分重要，教师选择适合的教学资源对学生探究问题有着非常大的帮助，让学生更直观、更形象地发现问题并解决问题。

三、实时反馈，评价探究结果

在探究型学习活动中，教师要重视探究型学习的评价内容，主要包括学

生在探究过程中的参与态度、合作所得、运用的学习方法、体现的学习思想等。在学生个体独立探究及小组合作的基础上，教师让学生在小组内和班级内充分展示自己的方法与过程，相互讨论分析，得出问题解决的办法。

样例展示一

案例一：探究型学习活动要注重激发学生的兴趣。

数学华师大版七年级上册"由立体图形到视图"，学生通过画图中产生的问题，组内共同研讨，结合动画演示，发现画三视图中的重要事项。

学习任务单：1. 观察给出的长方体，画出它的三视图。

2. 组长组织检查，找出错误并思考原因。

3. 小组讨论研究画三视图时需要注意什么？组内派一名代表汇报。

设计意图：让学生通过独立画图、合作交流、师生共研得出画三视图时需要注意的事项，让学生在不断观察、纠错的过程中感受长对正、高平齐、宽相等的实际意义。

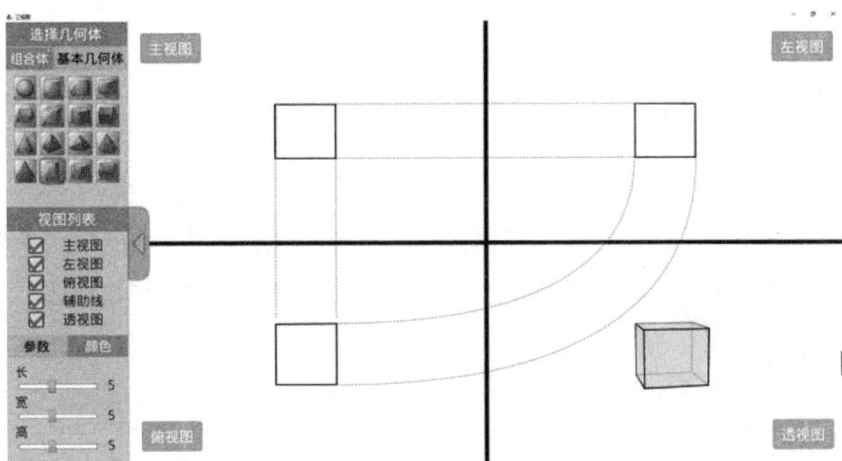

图 5　画三视图

【样例评析一】

教师要注重学生学习兴趣的激发，通过学习活动的设计让学生发现数学学习的趣味性。本节课中，教师采用有趣的图片创设情境，让学生通过图片发现需要从多个角度观察物体才能确定形状，再以实物图为例，引出三视图的概念。在以往的教学设计中，对几何知识的学习，尤其是初中阶段空间观念与几何直观的培养，在普通的课堂模式下，教师很难有效地让学生从实物中抽象出几何图形，并在二维空间和三维空间中转化。基于这样的一个问题，教师选择将信息技术融入课堂来解决本节课中由"体"到"面"的过渡，培养学生的空间想象力，为后面的学习做铺垫。

在以往的课堂实施过程中，在探究"长对正、高平齐、宽相等"这一结论时，教师通常以长方体为例，直接观察得到：长方体的三视图中主视图与俯视图的"长对正"，主视图与左视图的"高平齐"，左视图与俯视图的"宽相等"。而在混合学习环境下，教师通过电子书包让学生自己对长方体的长、宽、高进行改变，学生可以清晰地看到相应的哪些视图发生了变化，进而总结出结论。

三维视图的转换是学生学习过程中必不可少的内容，空间观念的形成过程事实上就是一个包含观察、想象、抽象、分析的探究过程。而普通的课堂教学模式在原本的课堂内容基础上，大多融入了多媒体课件展示、实物展示等，学生可以通过这些图片及实物得到几何图形三视图的相关知识。教师将电子书包引入课堂，可以在现有的课堂模式基础上，让学生自己动手操作，对空间想象能力较强的学生来说，可以挑战教师设置得更难的图形的探究，而相对感受立体图形较弱的同学，可以先操作、感受、绘制，经过这样一个过程，完成相应的学习内容。这样的课堂达到了学生分层学习的目的，学生通过自主探究，不断丰富归纳和类比，使空间观念形成并得到巩固。

样例展示二

案例二：探究型学习活动要培养学生的数学思维。

数学华师大版八年级上册"勾股定理的应用"一课。

探究任务：

初步学会在具体的情境中从数学的角度发现问题和提出问题，并运用勾股定理解决简单几何体最短路线长的问题。

活动过程：

1. 创设情境

教师以学校开展的秋叶节活动为背景，让学生们完成学校交给的任务：如何给亚泰和桃源校区的柱子上缠彩带，通过情境导入激发学生的学习兴趣，从学生熟悉的生活场景引入，提出问题，学生探究的热情高涨，也为下一个环节奠定了基础。

2. 课前检测

教师利用三道小题检测学生课前微课的学习效果，了解学生课前学习的情况，并且让学生说明自己的解题思路，利用第三小题培养学生说理能力的同时，让学生对勾股定理解决问题的过程进行梳理，规范书写，为后面学生更规范的书写过程及逻辑思维能力培养提供帮助。

3. 合作探究

教师将学习小组分为两部分，分别去探究正方体和长方体的展开方式，基于问题的思考将学习任务单要求定为：独立思考，找到从点 a 到点 b 的最短长度至少需要展开几个面？有几种展开方式？动手在学习任务单中画出来。

教师在合作探究环节提供多种资源给学生，包括可动手操作探究展开面的多种情况，用浏览器搜索相关的信息以及点播微视频，为学生提供思路。学生在探究正方体和长方体的最短路线长问题时，遇到困难可以参看相应的微课为自己拓展思路、解答疑问。教师在授课前，将学生探究过程中可能出现的问题进行预设，为不同层次的学生录制相应的微课程。

【样例评析二】

本节课从生活出发，从身边的实际情境出发，引起学生的兴趣，也激发了学生探索问题的兴趣，所以学生学习的热情浓烈。

教师通过课前的微课布置，将课堂的新知讲授部分前置，实现翻转课堂，既让学生提前思考"从立体到平面"的数学思想，又节省了时间，为小组合作探究环节提供了更多的支持，能更好地实现学习目标。

教师利用课前微课的学习检测，得出解决问题的思想方法，即将立体图形展开成平面图形，并构建直角三角形，利用勾股定理解决问题，进而让学生在探究的过程中，通过画图的方式构建数学模型，从而更好地落实这一思想方法。

本节课采用的是电子书包的混合学习环境，强调的是集体学的教学模式，所以，本节课是以学生为主，教师作为评价、总结的角色，在学生说思路、讲思路的过程中，为学生评价和点评。常规课堂教学模式采用的多是让学生靠想象立体图形到平面图形的展示过程，或教师采用教具演示。电子书包的学习环境不仅为学生提供了多种资源，还能给学困生充分的时间探索解决问题的方法，给学优生提供锻炼说理能力的机会和时间。在进行汇报时，学生的汇报形式多样，学生能将所发现的情况进行归类和整理，体现了学生探究、归纳的能力，由学优生带动学困生，也培养了学生之间的合作能力。能力提升部分也将数学思想应用于实际问题中，解决了实际问题，同时提升了学生解决问题的能力。这种环境的学习能很好地锻炼和培养学生自主学习、主动学习，能提升学生探究学习的能力，但是其也有不足之处，学生会产生过程性书写不规范的问题。

通过本节课的学习，学生在勾股定理的学习中感受了"数形结合"和"转化"的数学思想，体会到了数学的应用价值和渗透数学思想给解题带来的便利，真正做到了先激发兴趣，再合作交流，最后展示成果的自主学习，同时在混合学习环境下，融入了多种信息技术，教师以微视频的方式激发学生学习，点拨学生学习，将教学模式以教师讲授为主转变为以学生动脑动手自主探究、小组学习讨论交流为主，学生通过自己的活动得出结论，使创新精神与实践能力得到了发展。

样例展示三

案例三：探究学习过程提供不同资源助力学生分层。

数学华师大版八年级下册"菱形的性质"。

探究任务：

类比证明平行四边形及矩形性质的过程，思考如何证明：菱形的四条边都相等，菱形的对角线互相垂直。

给学生提供2个资源：（1）几何画板，利用几何画板的动态变化直观展示菱形的性质。（2）微视频，课前微课激发学生探究的兴趣，实现课堂翻转。课中微课为小组合作探究提供资源，满足不同层次学生的学习需求。

活动过程：

1. 课前微课内容前置

教师通过网络为学生发布认识菱形的定义及对称性的微视频，学生通过观看微视频进行操作、自主制作菱形，在制作过程中初步感知菱形的定义及对称性。教师利用生动的动画吸引学生的注意力，激发学生的学习兴趣，提供了一个可持续性的学习资源，帮助学生进行课前学习，实现课堂翻转。

2. 课前学习汇报

学生通过对课前的学习，利用几何画板展示无论菱形如何变化都具备的性质。教师通过信息技术的展示，解释了数学学科当中从特殊到一般的过程，让学生感知并猜想菱形的特殊性质。

3. 探索新知

教师课前制作微视频，让学生根据任务单的要求，独立完成性质猜想的证明，在已学习平行四边形的性质及矩形性质的基础上，运用类比的思想来探索菱形的性质，遇到困难的学生可以根据个人的学习情况参看微视频，完成的同学可以点播微视频思考不同的方法。

【样例评析三】

在混合学习环境中，教师可以利用多种信息技术手段或多样化的学习资源供学生小组合作学习环节中使用。在此案例中，教师利用课前微视频将探究活动的问题前置，让学生在课前准备过程中通过类比平行四边形及矩形的性质来思考菱形的性质，通过几何画板的动态变化让学生发现并提出问题——证明菱形的四条边都相等，菱形的对角线互相垂直。教师将探究活动的问题置于课前，由学生自己来发现问题，不仅能激发学生的兴趣，还能让学生感受类比的数学思想。

而课中教师使用微视频作为资源提供给学生探究合作，为不同的学生推送不同的学习资源，满足了不同层次学生的学习需求，有效地实现了分层教学。同时，微视频也可以让学习基础较差的学生反复学习，给学生们存留一份宝贵的学习资源，这是传统教学无法达到的。因此，信息技术在探究学习活动中可以为学生提供多种资源，而依据不同的教学目标，教师在选择资源时，也可实现分层教学这一目标。

工具索引

1. 电子书包的使用

各平台的电子书包使用方法和内容各不相同。以资源平台为例，电子书包可以与教师端和平板端进行通信和沟通，同时提供教学所用资源。在课堂中，学生可以使用电子书包提供的各类资源进行活动探究，可以使用电子书包提供的各种正多边形进行平铺实验。电子书包还可以实现以推送作品等方式分享自己的探究成果。

2. Web Quest 和 Mini Quest 模式

Web Quest 是伯尼·道奇等人于 1995 年开发的一种课程计划，Web 就是网络的意思，Quest 是寻求、调查的意思。我们可以把它理解为利用互联网的专题调查活动。每一个 Web Quest 以一个开放性的问题为核心，分为序言、任务过程、资源评估、结论几个部分。它提供了一个脚手架模式，引导学生像熟练的研究者那样对问题进行思考和探究，它还提供了可便捷存取有质量的信息，因此这种模式是传统课堂那种接受式学习到研究性学习的一个非常好的过渡，它能在原有的班级授课的形式下帮助学生开展自主的选题探究，以及进行研究性学习。

Mini Quest 与 Web Quest 类似，只不过一般的 Mini Quest 是比较小的一个问题，不需要太长时间进行研究，只需要 1～2 节课就可完成的一个研究性问题，研究的过程与方式和 Web Quest 类似。

3. 演示文稿软件

探究过程中需要展示探究成果或结果时需要用到演示文稿软件。演示文稿软件可以使用 Power Point，也可以使用 WPS 演示或是苹果公司的 Keynote，这些软件都可以制作幻灯片，主要功能就是在做演讲或汇报时播放图文并茂的图片，使观众更加容易理解演示者的意图。在幻灯片中可以加入文字、图片、动画、视频等内容。演示文稿软件通过动作、超链接等形式使播放的幻灯片更加生动形象。幻灯片的制作也很简单，可以根据设计者的意图自己制作，也可以套用网上的模板使创作更加简单。

4. 视频制作软件小影 App 和美篇

探究过程的记录和成果的展示可以使用视频制作软件小影 App 制作简单的视频进行展示。小影 App 是一种图像处理软件，它可以方便地对图像进行编辑，还能批量处理图像美化，图片具有丰富的特效滤镜、贴纸、视频剪辑等多种用途，学生在汇报作品时，既节省时间，又能提高制作效率，是一款智能简单的 App。

美篇是一款图文创作软件，可以非常方便地将图片和文字进行混合编辑，并且可以加入音乐或其他多媒体内容以丰富图文的内容。通过美篇，学生可以将探究的过程和结果很方便地分享给老师和其他同学。

第四章
混合学习环境下的学法指导

开 篇 小 语

    混合环境下的学习是教与学方式的一种新的尝试,其特征是"线上+线下"的集体学,既要有效发挥在线教学的优势,依据学生的不同特点、能力与个性化需求,量身定制合适的学习内容、方式与策略,进行分层分类的弹性教学;同时线下学习任务又要依据学生类型的差异化,进行多样化、层次化的设计。

    因此,根据混合学习环境下学习方式的特点,教师应该重点掌握4个微能力点:技术支持的发现与解决问题、学习小组组织与管理、技术支持的展示交流、家校交流与合作。

第一节　技术支持的发现和解决问题

案例启思

一位美术教师在教学"一张奇特的脸"这节课时，指导学生观察发现人物面部的特点，利用夸张变形的手法进行创造性绘画。学生在绘画时，他们有丰富的想象力，但往往找不到人物面部的特点，学生的手跟不上思维，整体上无法达到预期目标。如何来改变这种常见的课堂现象，引导学生发现问题和解决问题，如何在美术课堂上注重培养学生的创新精神，提高他们的审美品位与审美能力呢？

问题剖析

发现问题、解决问题是学生学习的基本素养，是转变教学方式的重要途径。我们可以通过信息技术的支持让学生发现和解决问题。

一、技术支持的发现和解决问题的意义

在混合学习环境下，学生不受传统教学课堂的束缚，可以自主地发现问题并利用环境中的技术解决问题，教师的角色由教学活动的主导者转变为引导者，应针对混合学习环境设置与传统教学课堂不同的教学活动。教师对于教学内容的开发和技术手段的利用变得至关重要，这也是考察教师能力的关键。

在这种环境下，学生是教学活动中的主体，教师的作用是引导学生提出问题并解决问题。技术则是整个教学过程中的催化剂，信息技术能够促使教学内容的呈现方式发生改变，转变教师"教"的方式与学生"学"的方式。

教师应该注意在混合学习环境中教学角色的转变，担任起学生学习中的参与者、引导者、共同学习者与资源构建者，充分发挥交互式平台的作用，搭建师生间随时随地互动、交流的平台，在交互平台中鼓励学生积极发表意见、分享资源。教师角色的转变能激发学生的学习积极性，助力教学行为优化。

教师在教学中要强化教学的互动性，创设人机互动的教学环境，为学生创造使用多媒体操作的机会，增加学生对新技术了解程度的同时，提升师生的信息技术应用能力。

在新技术的支持下，对于教师的专业能力与信息技术水平提出了更高的要求。为了更好地发挥教育新技术的应用功能，推进教师教学行为的优化，教师需要不断提升自身的多媒体技术操作能力，强化专业素养。

二、技术支持的发现和解决问题的方法

1. 问题情境要与教学主题和学习目标相匹配，且具有一定的开放性，鼓励学生用信息技术进行探究与解决问题。教师可以借助信息技术，灵活利用声音、图片、视频为一体的多媒体课件，给学生创设生动的问题情境，以此调动学生深入探索的积极性，发挥问题情境的导向作用。问题情境不偏离学习目标这一核心，学生对于知识的理解不会偏离，对知识可能有更加深刻的认识。合理的问题不仅仅利于学生更好地理解知识，更加利于师生利用技术共同完成教学目标，教师和学生根据合理的问题情境选取适当的技术手段，适当的技术手段反过来又对问题情境的创设产生影响。因此，实现问题情境与技术手段相辅相成是考核教师能力的关键。

2. 将学生视作发现与解决问题的主体，支持学生探索解决问题的方法与路径。在过去的教学模式中，教师作为教学主体，大多采用灌输的方式，学生一味地接受知识，但是对知识的理解与内化效果不显著，缺乏思考与辩证的过程，也就缺乏思维的建构训练。在技术支持的问题教学下，教师思维的转换是至关重要的，教师支持、鼓励学生基于教学内容提出问题，学生依靠自身的理解并借助互联网技术解决问题，在此过程中，学生的学习兴趣大大

提高，自主探索的思维方式得到锻炼，同时对于教学内容的理解得以加深。技术手段的应用很好地满足了学生的个性化学习需求，加强了问题导学的效果。教师应该深入思考如何突出学生的主体性。

3. 教师可以根据学生的学习需要参与环境建构、提供资源支持以及方法指导。部分教师信息化技术专业水平较低，不能适应新技术的智能化特点，并且多以制作 PPT 课件为主，PPT 课件的使用方式也仅仅局限于翻页或者是动画、图片展示。然而，电子白板的交互功能未能得到充分的发挥、使用，部分教师在课堂上的教学行为无互动、无走动，以讲授式模式为主的课堂教学行为并没有得到明显的改变，导致学生学习的积极性不高。另外，有相当一部分教师因自身的信息技术操作水平较高，对新技术在课堂教学中的定位错误，而将新技术充斥课堂教学始终，完全代替了教师的讲解与互动，这种盲目使用新技术的行为造成适得其反的局面。因此，教师应当根据具体的教学需求适当参与教学过程。

解决策略

中共中央 国务院《关于深化教育教学改革全面提高义务教育质量的意见》中指出："提升智育水平。着力培养认知能力，促进思维发展，激发创新意识。"孔子曰：疑是思之始，学之端。近代教育家陶行知曾说过："发明千千万，起点是一问。"因此发现问题是学生学习的良好开端。建构主义认为：知识不是通过教师传授得到，而是学习者在一定的情境中借助他人（包括教师和学习伙伴）的帮助，利用必要的学习资料，通过意义建构的方式而获得的。技术支持学生发现问题和解决问题是优化学生认知过程、促进意义建构的有效手段。

技术有着支持学生学习的强大潜力，教师在支持学生用技术来发现与解决问题时，需真正理解技术的潜在价值，处理好教师、学生、技术之间的关系。在乔纳森看来，技术与学习的关系中，我们可以从技术中学习，技术被用以重现教师或课本教给学生的知识。例如，微课程用技术学习，技术被用以支持学生在思考中学习，能促使并支撑他们的思考。

一、技术支持的发现和解决问题的基本策略

（一）创设问题情境，鼓励学生用技术发现问题、明晰解决途径

生活是创作之源。教师应根据新课标要求，整合教学内容，根据学生的认知水平，从生活实际出发，通过多种渠道搜集相关信息，选择恰当的呈现方式，创设新颖的问题情境，激发学生的好奇心和求知欲，鼓励学生乐于提出自己关心、想知道的问题，产生进一步探索的动力。

例如，尹老师在讲授科学课"设计制作气垫船"时，学生列举了水、陆、空常见的交通工具。教师展示在水、陆都能行驶的交通工具——气垫船，这引起了学生强大的好奇心。学生会在头脑中形成疑问：气垫船是如何运动的？学生对气垫船的工作原理产生了浓厚的兴趣。教师进一步指出本节课的探究任务：设计制作气垫船，探究其运动原理，绘制气垫船设计图。

再如，在学习"生活中的磁现象"这一课时，冯老师课前导入时抛出三个问题：把鸽子放飞到数百千米以外，它们为什么能自动归巢？隐形飞机真的是看不见会隐形的飞机吗？绚丽的北极光是怎么形成的？冯老师又出示了教材中几个磁应用的图片，引发学生思考，指导学生分组进行网络搜索并交流查询结果。在交流中，学生们发现了生活中存在着广泛的磁现象和磁应用，这为进一步探究磁知识奠定了基础。在课中，教师让学生应用磁感线演示器装置做实验，观察体验磁场的存在和分布状态。但磁场是看不见的，为了深入研究磁场的方向，冯老师为学生创设仿真研究情境，调用了 101 教育 PPT 中的物理学科工具——磁感线模拟器。冯老师让学生亲自操作，拖放小磁针到磁铁附近的不同位置，观察小磁针的指向，再显示虚拟的磁感线。学生通过观察分析，认识到磁场的存在并有一定的方向，对看不见的磁场有了更深刻的认识和理解。

（二）支持协作交流，鼓励学生用技术促进协同工作

新课标关注学生的学习过程，协作学习发生在学生学习过程的始终。技术支持更广泛的协作，对学习资料的搜集与分析、假设的提出与验证、学习成果的评价直至意义的最终建构均有重要作用。会话是协作过程中不可缺少的环节。学习小组成员之间必须通过会话商讨如何完成规定的学习任务的计划。技术支持的会话交流可以打破时空限制，随时随地交流每个学习者的思维成果，为整个学习群体所共享，协作交流是达成意义建构的重要手段之一。在"一带一路走向世界"的历史、地理、政治融合的跨学科学习活动中，教师布置了小组合作学习任务：

什么是古代丝绸之路？

张骞出使西域的意义？

为什么走古代丝绸之路？

丝绸之路的主要路线？

目前一带一路与中国合作的国家有哪些？分组查找中国与中亚、西亚、欧洲、中东等地区各国家地理资源、经济、文化、技术等方面的优势和不足，它们与中国开展了哪些领域的合作？合作意义是什么？一带一路中国及沿线国家在政治、经济、文化领域的战略意义？

模拟新闻发布会，您作为新闻发言人，回答外国记者提问。记者1：有外国记者说，中国提出的一带一路就是为了自己国家的发展，想成为世界超级大国，对此，您怎么看？记者2：一带一路会不会增加沿线国家对中国发展的依赖，丧失话语权？

教师要求学生课外通过网络搜索引擎、专题网站查找以及教材、书籍阅读，小组成员分工协作完成任务，学生可以通过腾讯文档、QQ、微信群汇集小组成员的学习成果。小组成员通过腾讯会议、钉钉视频会议、微信群视频等形式进行小组讨论，对小组成员的学习成果进行交流讨论，确定要展示交流的内容，确定展示汇报形式，可以制作PPT、视频、美篇、简书等成果呈现。课上，教师引领学生跨学科进行综合分析、展示评价等高阶思维学习

活动。

（三）支持意义建构，鼓励学生用技术促进知识习得与形成能力

"意义建构"是整个学习过程的最终目标。在学习过程中，帮助学生建构意义就是帮助学生对当前学习内容所反映的事物的性质、规律以及该事物与其他事物之间的内在联系有较深刻的理解，在头脑中形成认知结构。例如，"设计制作气垫船"这一课，教师采取在做中学的方式，通过"气垫船行驶效果分析表"引起学生对气垫船的设计标准的思考，引领小组同学对气垫船的简易装置进行分析，并填写分析表，上传至教师端。学生在分享探究结果时，边展示边交流改进的计划及理由，教师通过手机投屏实时展示学生的分享内容，便于全体学生观察理解。师生达成共识，启发创造灵感，进一步探究、设计最终的气垫船草图，上传至教师端。学生在反思修正和对比交流的过程中，实现了对知识的意义建构。

表 1　气垫船学生设计图表

	设计方向	设计想法	气势船设计草图
行驶效果	保持前进方向		
	行驶速度快		
	行驶距离远		

表 2　气垫船行驶效果分析表

观察	评价方向	改进建议
行驶效果	行驶路线（保持前进方向）	
	行驶速度（快）	
	行驶距离（远）	

二、技术支持的发现和解决问题需注意的问题

1. 问题情境要与教学主题和学习目标相匹配，且具有一定的开放性，鼓励学生用技术进行探索与解决问题。

2．将学生视作发现与解决问题的主体，支持学生探索解决问题的方法与路径。

3．教师可以根据学生的学习需要参与环境建构、提供资源支持以及方法指导。

样例展示

北师大版四年级上册"确定位置"

本节课重点是让学生能用数对表示具体情境中物体的位置；能在方格纸上用数对确定物体的位置。学生对这部分内容感到简单、枯燥、缺乏挑战性。又因为教材以教室平面图为主题图，呈现形式单一，不够生动，学生就更加缺乏学习兴趣了。所以教师在引入主题后，借助信息技术开展主题式研究——让学生用电脑设计班级运动会方队，进而完成本课的教学目标。

教学片段一：引入主题，探究新知。

1．创设情境，引出课题

（1）播放 2008 年奥运会倒计时十秒录像。

（2）学生评价奥运会图案。

（3）感受光点位置，并提问："怎样才能准确找到一个人的位置？"

2．分析方队，初涉新知

我们由拼图游戏——规范行列引入新知。

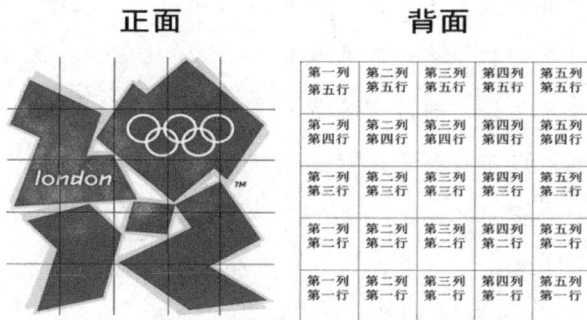

图 1　拼图游戏——规范行列

（1）以伦敦奥运会会徽为最终图案开展拼图游戏（每块拼图背面有"第几列、第几行"的文字）。

（2）借助多种拼图结果，引导学生思考。

（3）规范行列后重新拼图。

教学片段二：实践操作，深化新知。

由奥运会图案设计引出为班级运动会方队做设计，从而引出本节课研究主题——为班级方队做设计。

教师针对各组作品，总结图案的意义和特点，找各组代表介绍自己组的作品。

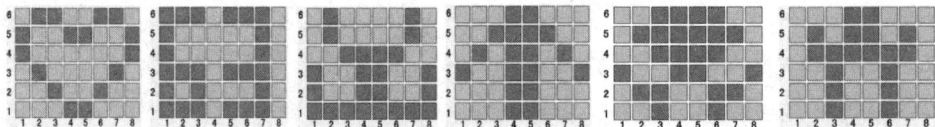

图 2　各组的作品

教师让学生以小组为单位，为班级运动会方队设计图案。以往学生用笔在纸上画，画错了或不满意时用橡皮擦，没有时间研究数对知识。为了解决这一问题，教师为学生提供了设计画图软件，学生可借助软件为班级运动会设计图案，增强了学习兴趣，也解决了纸笔绘图低效的问题。各组针对自己的作品，总结图案的意义和特点。在此过程中，学生已经初步掌握数对的特点和规律。接下来，教师选一个图形简单、数对特点突出的小组到台前汇报。学生们经历了发现问题、解决问题的一系列学习过程。学生发现同一行上的点、同一列上的点或同一斜线上的点涂得快，但对点与数对的对应关系并不清晰，这时，教师借助软件的功能，将各点与数对对应起来，有序地将数对罗列，便于对比观察，学生发现同一行上的点列数依次＋1，同一列上的点行数依次＋1……进而发现了点所对应的数对的特点。

【样例评析】

在常规课堂中，教师让学生通过纸笔绘图的方式学习、体验数对，突破难点内容。虽然纸笔绘图能够激发学生的学习兴趣、锻炼学生的动手操作能力，但存在局限性。纸笔绘图耗时、低效，难以在有限的时间内反映数对情况。

教师利用信息技术给学生提供一个数学设计的工具、研究的工具，让学生在用电脑设计班级运动会方队的过程中探究数对的特点和规律，体现"做中学"的理念，让学生用所学知识与技能去解决生活中的实际问题。

本课为学生创设有趣的游戏情境，帮助学生巩固了已有的行列知识。借助电脑软件功能，学生在电脑上完成拼图，并进行大屏幕演示。学生拼出的图案多样，从而激发学生思考问题出现的原因，进而规范行列顺序。教师让学生按行列的要求重新拼图，巩固行、列描述物体位置的方法，为引出数对做准备，为学生自主学习和交互学习提供方便。

另外，学生在利用技术工具操作与交流的过程中发现问题、解决问题，达到了进一步学习数对的目的。在此过程中，学生经历了画图、观察、讨论、发现等一系列的学习过程。

工具索引

一、概念图和思维导图对帮助学生发现问题和解决问题有很大的帮助

思维导图是一种很好的知识建构工具，通过思维导图的绘制，学生可以通过对以往知识的总结，发现新的规律及新的知识；通过思维导图的绘制，学生也可以发现以往知识中自己还未了解或理解不是很到位的地方。绘制思维导图的工具，我们可以使用的有 XMind、MindMaster、FreeMind、iMindMap、知犀、ProcessOn，其中前四个软件是电脑端的思维导图绘制软件，而后两个

是网页端的思维导图绘制软件。这里推荐大家电脑使用的是 MindMaster，这个软件最大的优点是：在电脑端、手机端和网页端都可以制作自己想要的思维导图，并且这个软件中有大量的已经完成的思维导图在社区共享，尤其在教育类别中有关于各个学科各个学段的章节或学年度的知识总结，也有针对某一课或某一个知识点的思维导图绘制，对学生了解和掌握一段时间的知识框架有很好的帮助作用。对于教师来说，其也是一个不错的软件。如果你习惯网页端和手机端传用，可以使用 ProcessOn 这个软件。这个软件在手机端和网页端可以共用文件，我们可以在网页端创建，在手机端修改，也可以在有灵感时，在手机端记录相应内容，在网页端完善思维导图。这个程序也有一些成熟的思维导图存在它的社区，我们也可以参考其他人员制作的导图对知识进行整理，同时它也有大量的模板供我们使用，我们可以在它已有模板的基础上绘制自己的导图。

很多问题的发现是基于对其他人对事物的理解开始的。然而要想了解其他人是如何理解事物的，最好的途径是通过网络。知网、百度学术这类的学术论文类网站中有大量学术文章供我们查询。我们可以在其中找到各方面的学术论文，从而更清楚地认识到自己与别人在这方面的认知差异。我们通过搜索引擎也可以找到很多有用的资源，但这些资源良莠不齐，需要甄别。

二、发现和解决问题还可以使用好的笔记工具，增加工作的效率

对于笔记类工具，我建议使用印象笔记，这款笔记类工具在电脑端有客户端，在手机端也有 App，可以在电脑和手机端同时使用同一个账号完成相应的工作，也可以随时使用文字笔记、声音笔记或图片多媒体类笔记，还可以使用文字扫描手写笔记等。这些笔记中你可以随时选择一个用来记录自己在学习中的灵感和收获。笔记类软件的另一个选择是有道云笔记，其功能和用法与印象笔记类似。

三、虚拟实验

虚拟实验是学生利用虚拟软件，模拟现实中的实验器材和环境开展实验的一种形式。虚拟实验是使用软件模拟，减少了对实验场地和器材的依赖，学生随时随地都可以开展实验，在实验中发现和解决相关问题。

在手机端，学生可以使用"虚拟实验"这款 App 进行一些简单的中学或小学的相关实验。在这个 App 中，学生可以选择相应的年级以及相应的学科，找到可以演示的实验进行相关的实验练习，同时这款软件还支持在大屏上双人进行实验操作的比赛。这个软件中给出了各个实验的实验目的、实验步骤以及注意事项，还给出了每个实验的实验报告的相关内容。通过这些练习，学生可以掌握与真实实验相类似的实验操作体验，可以从这些体验中发现和解决在实验中会出现的问题。另一款在电脑中运行的虚拟实验类软件，作者向大家推荐的是 NOBOOK 这个网站中的在线实验。这个网站中的实验分为 NB 物理实验、NB 化学实验、NB 生物实验和 NB 小学科学实验几个相关类型。每种实验都可采用线上实验和客户端实验两种方式，我们如果采用线上实验，在网页端即可开展相应的实验。例如，物理实验中，可以选择不同版本不同年级的不同实验。这个虚拟实验室提供的实验器材与教材所要求的器材基本吻合，也可以额外增加实验器材以增加实验的多样性。从小学到初中、高中，各学段的物理相关实验在这里基本都可以找到，我们也可以采用新建实验的形式，自己建立一个实验内容。需要注意的是，这个实验室中有一些实验只有 VIP 用户能进行，普通用户能进行的实验只占虚拟实验室中的半数左右。

四、想让学生更好地构建自己的相关知识，我们也可以根据建构主义理论

我们可以根据建构主义理论为学生设计相应的 KWL 表，支持学生的知识建构。

表3　KWL表

标题：		
What I know	What I want to know	What I learned

在这个表格中，学生需要完成三列内容的填写。第1列内容的填写是让学生填写我在学习之前已经知道了什么，也就是 What I know；第2列需要学生填写的是我通过学习想要知道什么，也就是 What I want to know；第3列要求学生填写的是我通过这次学习已经学到了什么内容，也就是 what I learned。这个表格的制作，我们建议采用 Word 进行编写，然后上传到腾讯文档这类协同办公类网站。小组成员既可完成本人表格，也可以协同完成同一张表格。这样在一张表格中，大家对自己和本组成员所了解和想要了解及学到的内容会有一个互相参考，这样对于学生建立自己和本小组的知识体系会有极大的帮助。

这种 KWL 表格方式只是学生发现问题和解决问题的一种方式，在实际的教学中，我们也可以采取其他方式帮助学生发现问题和解决问题。

第二节　学习小组组织与管理

案例启思

一位小学语文教师在讲授部编版小学五年级下册"威尼斯的小艇"一课时，通过以下环节进行：采取多种形式朗读，初步感受文章内容；想象驾艇画面，谈体会；通过"威尼斯小艇船夫驾驶技术世代相传"图文资料介绍，创设情境；有感情地朗读，赞船夫的技术；体会动态写法，练仿写。最后一个环节"体会动态写法，练仿写"是本课的难点内容。教师为每个学生提供了 PAD，PAD 上将学生的学习卡以腾讯文档在线协同编辑的形式呈现给每个学生。教师结合学习卡，引导学生进行动态仿写练习。每个小组的成员能看到组内每个同学的描写内容，从而进行成果的共享。

学习卡

对比课文进行仿写练习：（长春的出租车）
（动态描写练习：）

出租车司机	在什么情况下	司机会怎样
驾驶技术高超		

图 3　学习卡

问题剖析

一、学习小组组织与管理存在的问题

（一）合作学习形式化

1. 教师将小组合作学习仅理解为分组讨论，以讨论代替合作。课堂教学中的小组合作学习大多停留于分组讨论，而不是真正意义上的合作。

2. 教师控制合作学习时长，学生的合作只停留在表面且难以深入，教师为了完成教学进度而中断了学生的合作讨论。教师每一次给出的合作时间不超过三分钟，学生甚至没来得及表达观点就需要终止合作。

（二）合作过程简单化

1. 小组成员疏于沟通。小组成员之间交流很少，或者借合作的机会交谈其他话题。

2. 组内个别学生替代发言。当教师没有对发言顺序和汇报人提出要求时，学生就会简化合作过程。

（三）合作结果固定化

1. 追求预设的合作目标。教师组织小组合作学习大多是为了得到确切的答案，忽视了学生互动过程中的生成性因素。且有些任务太过简单，学生没有合作的必要。

2. 追求结果展示的确定性。教师通过提问和刻意的引导，让学生在小组汇报时说出自己希望得到的结果，以使课堂教学能够顺利开展。

技术支持在学习小组组织的过程中，可以优化学习小组组建；在小组合作讨论中，技术的介入让讨论效率得到提高；在评价反馈阶段，合理使用技术可以得出更有效、更直观的评价数据。

二、学习小组组织与管理能力培养意义

在混合式学习环境中，技术支持可以参与到许多教学环节，教师在进行学习小组组建时，分组应综合考虑学生的学习能力差异、学生的性格和人际关系、学生的特长和家庭背景、合作学习的任务要求等因素，在分组中应明确小组内各成员的角色和职责分工。教师通过信息技术，使用数据收集的方法，对有共同兴趣与关注点的学生进行分组，可以使分组更加合理。

在教学过程中，有共同兴趣的同学可以自由进行组合讨论，打破教师"教"、学生"学"的固有教学结构，这对于培养学生的创新精神和合作学习意识有积极作用。同时，教师结合问题难度及问题层次，利用有效的技术手段逐步分解学习任务指导学生有序进行探讨研究，不仅能增强学生的学习能力，还有利于培养学生形成良好的学习习惯，实现合理利用教学时间深化教学、激发学生学习兴趣的目标。有效的技术应用在适当的教学评价反馈中，便于真实、全面地反馈学生学习的实际情况，充分发挥小组合作学习模式的作用。

解决策略

一、学习小组组织与管理的基本方法和策略

（一）利用多种方式科学合理地分组，合理安排组员分工

学习小组分组时应综合考虑学生的学习能力差异、学生的性格和人际关系，以及学生的特长和家庭背景、合作学习任务要求等因素，明确小组各成员的角色和职责分工。科学分组、合理分工是小组合作学习顺利开展、发挥小组学习功能的前提。教师根据学生的智力水平、认知基础、学习能力、心理素质等进行综合评定，然后按照"异质同组，组间同质"的原则进行分组，每小组 4～6 人。这样既能保证优势互补，又便于开展公平竞争。例如，班主任摸清学生的特点，根据以上原则对班级学生进行合理分组，其他学科的教学也按这样的分组开展学习活动，对小组学习情况进行评价、奖励加分，将合作学习活动常规化、评比制度化，有利于学生通过团队的力量获得知识与能力，培养学生的团队合作精神。在小组分工时，教师可以根据学习内容的不同、学生的特长、个性差异合理分工，也可以由合作小组的成员民主协商，自行分工，充分发挥小组成员的作用与优势，保证合作学习活动的顺利实施。教师借助信息技术手段可实现更为灵活多样或科学合理的分组。例如，在"Flash 动画创作"项目化学习实践中，教师利用头脑风暴式的学习活动确立了六类动画创作题材，利用问卷星调查学生的创作意向，并将相同选择的学生分为一组，形成学习小组，合作开展 Flash 动画创作实践活动。

（二）精心设计小组合作的各个环节，组织有效讨论

组织小组合作学习是合作式学习的最主要环节，教师在备课时要做大量的课前准备工作，要了解学生的特点，要吃透教材，对是否进行小组合作学习进行正确的判断。教师还要对合作内容、自主学习、环境氛围、交流反馈、评价激励等各个方面进行系统的设计，特别是在小组合作学习的讨论中，要

把握教材的重难点，让学生有针对性地讨论，为了避免讨论成为学优生的个人表演，教师可以丰富讨论的形式。

尹萌老师在讲授"设计气垫船"一课时，先让学生完成气垫船模型的制作来探讨设计原理，并利用平板提供微课、图片，又给学生提供了素材包以供学生参考。讨论前，小组成员先独立思考，利用平板电脑把想法写下来，再分别说出自己的想法，然后小组成员间相互讨论、质疑和解答，最后形成集体意见。小组成员间再发表见解，更可以互相提问、质疑，再共同讨论解答。这样的讨论使小组合作学习更具有实效性，充分发挥学生之间的优势互补。

（三）小组学习活动中教师适时引导，参与调控

混合学习环境强调学生间的合作，并不是忽视教师的主导作用，教师始终是合作学习的组织者、引导者和参与者。在教学中，教师要善于创设问题情境，激发学生的学习兴趣，让学生明确学习目标，并以高涨的学习热情投入合作学习中。在合作过程中，教师要善于启发、巧妙引导，特别是在出现困难、意外混乱局面时，要深入小组，合理利用信息技术手段参与其中，掌握情况及时调控，保证小组合作学习有序、有效地开展。教师要及时诊断与处理问题，注意激活"冷场"，控制"过热场面"，使全体小组成员"动"起来、"活"起来。教师还要深入各小组参与学习讨论，随时把握各组的学习情况，调整学习时间，还要教给学生一些探索发现的方法，不断引发学生思维的碰撞，把学生的探索引向深入。

信息技术能够使合作学习与教师指导更加高效。教师可以利用有道云笔记、讯飞语记等软件记录学生的合作学习过程，为自己的引导、点拨、指导提供第一手材料。小组成员间可以利用腾讯文档等在线协同编辑工具进行资源收集、整理；利用微信、QQ等工具实现小组成员即时互动交流；利用CCtalk、钉钉直播等开展在线成果研讨、改进活动。

（四）小组学习活动中及时反馈，采取多种方式进行激励评价

及时反馈、激励评价对小组合作学习起着导向与促进作用，及时反馈有利于让各个合作小组充分展示成果，有利于小组成员阐述观点并倾听其他组的观点，吸纳他人之长，及时做必要的订正和补充发言，通过及时反馈进一步内化知识、归纳出合理的结论和解决问题的最佳策略。为提高学生的合作意识、激励学生不断提高小组合作活动的水平，教师要加强激励评价。教师对小组活动进行评价时，可以采取以下措施。（1）可以小组自评和组间互评相结合，既自我分析问题、总结经验，又取长补短、互相促进。（2）对合作小组集体评价和小组成员的评价相结合，重点评价合作学习小组，强化学习小组的集体荣誉感。（3）可以对小组活动秩序、组员参与情况、小组学习过程和效果等方面进行评价。

在"设计气垫船"这一课中，教师利用平板电脑的智慧平台让学生积极参与组内自评、小组间互评，教师也利用平台系统进行组内设计评价。通过这一信息技术手段，教师的反馈更及时，学生的互动性更强，能积极参与到这种合作学习之中。

二、学习小组组织与管理应注意的问题

（1）讨论的问题是否具有挑战性；

（2）讨论的时间是否充足；

（3）讨论的结果是否具有多样性；

（4）技术在小组形成、成员协作、交流讨论、互评展示、资源分享等方面是否起作用；

（5）技术是否有利于学生深度参与；

（6）技术是否有助于集体智慧的沉淀与分享；

（7）技术是否有效支持教师监控与评价反馈。

小组合作学习作为新课程改革积极倡导的学习方式之一，是符合社会发展的学习形式，它为小组成员营造了分工合作、相互促进、共同解决问题的

学习氛围，帮助学生经历独立学习、相互借鉴、质疑解答、形成共识的知识建构过程，通过合作互助的力量实现小组成员学习质量的整体提升，为培养学生的合作精神和实践能力发挥积极作用。教师要把学生当成主人，充分发挥主导作用，把握最佳时机，将信息技术融入其中，让小组合作学习真正从形式走向实质。

样例展示一

小学数学"平均数"一课

一、10秒钟口算比赛（通过合作产生数据）

1. 学生填写答题卡。

口算测试	
1. $560 \div 70 =$	6. $20 \div 5 =$
2. $270 \div 3 =$	7. $4 \times 32 =$
3. $36 \div 4 =$	8. $12 \times 6 =$
4. $720 \div 9 =$	9. $200 \div 50 =$
5. $40 \times 30 =$	10. $18 \div 9 =$
	正确题数：共_____个

2. 学生批卷。

抽取3名女生的试卷和4名男生的试卷，记录他们的成绩。

二、数据分析

1. 挑选代表性数据

哪个数能代表女生的计算水平？哪个数能代表男生的计算水平？

2. 在线编辑数据

教师给每个小组提供腾讯文档，小组内学生在线协同编辑。

3. 小组学生讨论

小组内学生讨论每个数作为代表性数据的合理性。

三、图形分析（利用 PAD）

1. 利用学习工具将统计表转化为统计图。

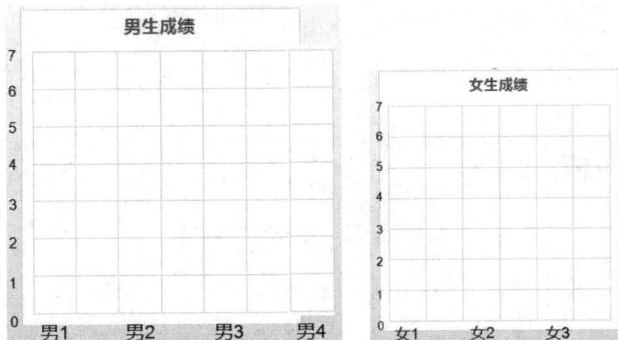

图 4　学生成绩统计图

2. 利用学习工具操作得出平均数。

四、列式计算

1. 尝试用列算式的方法计算女生和男生各自的平均数。

2. 学生汇报计算过程。

汇报算式：（4＋6＋5）÷3＝5，女生平均每人做对 5 道题。

　　　　　（2＋3＋3＋8）÷4＝4，男生平均每人做对 4 道题。

3. 观察发现平均数的计算方法。

用这组数据的和除以数据的个数，就能得到这组数据的平均数。

五、分析平均数的特点

1. 平均数只是一个虚拟数，在这组数据中未必存在。它只是表示一组数据平均水平的代表数。

2. 平均数是通过移多补少的方法得到的。

3. 平均数代表一组数据的平均水平。

【样例评析一】

学习小组的建立能够使学生更好地完成探究性学习活动。学习小组也能更好地提高学生学习的积极性，培养学生相互协作的精神和能力。对于一些较复杂的开放性问题，小组的学习能使学生打开视野，了解到其他人的想法，从而能够更加准确地判断一个事物的对与错。

本课中，学生在计算平均数的过程中，通过合作现场产生数据，再合作探究，最后通过腾讯文档软件实现了文档协同编辑，实现了小组讨论和资源共享。

样例展示二

小学数学"集合"一课

第一环节：直观演示，发挥代表意识。

直观演示可以把复杂的数学问题变得简明，有助于探索解决问题的思路，预测结果。此节课教师利用"SMART Notebook"图片集锦"Note book 文件和页面"四个数据集图案，作为此课题第一张课件的页面，直接进入主题，让学生直观感知四个圆交合在一起产生交集，引发学生思考：看大屏幕，这些是什么图形？这里的每个圆都可以看作一个整体，也可以叫作集合。

师：同学们，老师给你们播放一段音乐，认真倾听，猜猜这段音乐是什么歌曲？

生：《运动员进行曲》。

师：这是我们班参加此届学校运动会学生的照片，老师给你们播放一段运动会视频，猜猜这些学生都是谁？

在白板条件下，教师选中对象"属性→填充效果→对象动画→淡入"，出现本班学生参加学校运动会的图片。教师对本班参加此届运动会的学生进行统一报名，超链接出现学生参加运动会的报名表，并提出以下三个问题让学生小组合作学习讨论。

1. 认真研究运动会比赛报名表的内容，并从表中获取生活中的信息。

2. 大家小组相互讨论，能不能借助图、表或者其他方式，清楚地反映你所看到的结果呢？

3. 参加跳绳比赛的人数是多少？参加 50 米跑比赛的人数是多少？参加跳绳比赛和 50 米跑比赛的人数一共是多少？

第二环节：教师示范，激发学生的参与意识。

1. 提出自主学习的重点

仔细阅读参加跳绳、踢毽子比赛的学生名单统计的内容，并将你的发现记录下来：参加跳绳比赛的有9人，参加踢毽子比赛的有8人；杨明、刘红、李芳3人既参加跳绳比赛又参加踢毽子比赛，参加两项比赛项目的一共有14人。

2. 将表中信息直观呈现

为了便于学生学习、认识这张表格中的内容，教师将参加两项比赛的学生用不同的颜色（红、绿、蓝）标注出来。通过标注不同的颜色，我们清楚地知道参加两项比赛项目的人数，但是在表中比较分散，如何能更加集中地反映？有没有更好的办法？我们可以通过图例来解决这样的问题。

3. 用算式表示你的发现

在上述活动中，教师使用白板的拖拉、放大功能，使用笔进行圈点，用了魔术笔、无限克隆程序等，多次充分利用组合、取消组合引发学生思考，激发学生参与互动，使课堂活跃、紧张有序。

【样例评析二】

在本课中，教师让学生在白板中找到自己的姓名，并让学生利用白板的拖拉功能，将自己的姓名拖到各自所选择的兴趣小组中，让此节课的内容得以升华，让学生学到的知识得以应用。

小组学习离不开合作活动，教师要善于依据学生学习的实际情况，合理、巧妙地应用信息技术支持。小组合作学习的途径多种多样，需要学生互动、教师引导，由个体带动整体，方可形成良性循环。

工具索引

1. 分组工具

要想开展小组学习，首先要有一个正确的、科学的分组。我们可以按照学习成绩或兴趣爱好进行小组分组，但总是这样分组，学生就会失去兴趣，小组成员之间没有新鲜感，我们也可以采取一些特殊形式的分组，比如利用信息技术手段随机分组。分组的方式可以有很多种，这里建议大家利用微信小程序的相关功能进行分组，不用安装新的软件，并且非常方便，也很科学。可以分组的微信小程序有"分组宝""分组吧""快来分组"等。这些小程序样式大同小异，功能也差不多少。我们可根据需要选择其中的一个使用，这里我们以分组宝为例介绍一下分组小程序的基本使用方法。进入分组宝后，我们可以在分组宝中查看我们已创建的分组和加入的分组，也可以新建分组，在新建分组之时需要填写的项目也非常简单，只有项目的名称、分组的人数和分组的组数，也可以有一些选择项，比如说幸运数字用来指定每一组的组长，这些就是分组宝分组的全部内容。填写好这些项后点击分享，就可以将我们设置好的分组分享给需要分组的这些人所在的微信群或 QQ 群。大家点击分享的链接后，就会由系统自动把人员分配到相应的小组中，并可按照要求指定好组长或管理人员。这种使用小程序进行分组的方式可以随机地将人员分配到不同的小组，与其点击的时间没有关系，是随机的。这样就避免了学生或需要分组人员在采用其他分组方式时总与熟悉的人员在一组，不想接触陌生人的弊端。这种分组也适用于团建分组时使用。其他的分组小程序设置方法和使用方法与分组宝类似。我们也可以在微信中搜索其他的分组工具，但在微信中的分组工具，大部分的使用方式和分组方法与分组宝类似。

2. 分组点评工具

教师对学生进行分组，最好是在课前提前分组并固定小组的人员，这样长时间稳定的小组有利于小组的默契协同，也有利于小组成员为维护小组利益而形成集体荣誉感。在课堂中，我们可以使用班级优化大师这样的带小组点评功能的软件，为小组积累长期的小组表现情况。班级优化大师除了能够为班级内个人进行点评以外，还可以为小组点评，另外，小组之间成员的合作及小组内各成员的表现也可以通过班级优化大师在课堂中随时予以记录，可以采用白板上点评，也可以用手机随时进行点评。学生也可以利用课间或课后的时间随时查看自己及自己小组在班级内的表现及排名情况。这样就能更好地激励学生维护自己和本组的利益，从而培养学生积极向上的正面情绪及良好的集体荣誉感。

3. 小组讨论平台

小组内各成员之间的积极交流是活跃小组气氛的必要手段。在学校内和课堂内，采用小组成员之间讨论的方式或课下在一起研讨的形式，都可以形成很好的讨论氛围。但当放学后或假期时，组织相应的小组讨论，就必须借助相应的信息技术工具，这里推荐大家采用 QQ、微信、YY 为小组讨论搭建相应的平台。这三款软件都有群聊功能，我们可以为每一个小组分别建立不同的小组讨论群，在小组讨论群中既可以进行文字研讨，也可以采用群视频的形式进行类似视频会议的研讨活动，大家可以畅所欲言，针对要研讨的问题发表自己的看法。文字研讨和视频研讨各有各的优点，文字研讨显然没有视频研讨的信息交流量大，但文字研讨便于文字内容的留存，以后小组有相应的活动时，可以对文字研讨的内容进行再挖掘、再创造。在这三个软件中，建议大家选择微信或 QQ，因为大部分家长没有 YY 平台的账号。我们尽量选择学员易于加入的，不用操作复杂或申请账号这样的平台作为小组研讨的平台。

4. 小组协同合作平台

为方便小组之间的协同协作，我们还可以选择一些协同办公类的平台作为小组的工作平台，如选择腾讯文档作为小组协同合作的工作平台。我们也可以选择微软的 Groove，这款软件是在一个小组中，小组成员之间可以实时在同步的空间里共享文件、发表讨论、粘贴问题并回复，成员之间还可以进行实时通讯。

腾讯文档最大的特色功能在于小组成员之间可以共同编辑一个文档，比如统计表、报告书等需要小组成员共同完成的一些文档，可在腾讯文档共享状态下，由小组多名成员共同完成，这样就极大地方便了这种许多人完成文档的编辑，不需要一个人编辑完后再由另一个人进行修改。腾讯文档的共享使用方式也很简单，只需组长或组内成员编辑一个需要共享的文档或将当地文档上传到腾讯文档，并将此文档设置为共享且所有人可编辑，然后将文档分享到小组所在的 QQ 群或微信群，其他组员只要点击就可以在电脑或手机端编辑文档，从而实现文档的共同编辑或分享。腾讯文档还可以实现问卷调查功能，在腾讯文档中选择新建在线收集表功能就能实现与问卷星类似的简单的问卷调查。

第三节　技术支持的展示交流

案例启思

英语王老师在讲授英语课文时，先带领学生一起跟读课文，跟读两遍之后，一些英语基础好的学生很快就能够自主朗读课文了，因此，他们在统一跟读的时候显得很不耐烦，甚至有的学生开始懈怠起来；而一些英语基础弱的学生对一些有难度的词语仍然不能熟练跟读，出现卡顿的现象，显得很着急、很吃力。显然，这样统一跟读的方法不能满足不同层次学生的学习需要。接下来，教师根据课文内容提出问题，请学生解答。理解能力强的学生跃跃欲试，频频发言，而理解能力较弱的学生对课文大意理解得不是十分清晰，在教师提问时，他们甚至不敢抬头和教师对视，生怕教师提问自己。这样显然不能实现预期的教学目标，逐渐形成两极分化的现象。

问题剖析

展示交流是学生进行意义建构的主要过程之一，学习与成果的展示交流能促进学生的思维碰撞、经验分享与自评和互评能力的发展。当前展示交流主要存在学生和教师信息技术应用能力不足；学生展示作品形式、途径比较单一；小组合作能力有待提高；学生与专业人士交往的能力不足；不能激发全体学生的参与积极性等问题。借助信息技术手段，展示交流的效率、形式以及深度都能得到极大的优化。

一、技术支持教师展示，解决学科重难点问题

学生的认知结构是以思维能力为核心的，关键在于思维品质的培养。教师作为教学活动的组织者、引导者和调控者，需要深挖教材，整合教学内容，明确教学内容的教育价值，研究学生的认知水平，制订教学策略，恰当展现与应用教学资源，引领学生进行知识的意义建构。对于人文和社会学科的教学，教师展示与教学紧密相关的文字、图片、视频、动画等资源，使学生获得思维的启迪和知识的建构。对于数学、物理、化学等学科，教师将抽象的、微观的、虚拟的事物具体、形象地展示出来，让学生经历认知的思维过程，为解决重难点问题扫清障碍。数学课上教师应用几何画板工具支持学生观察静态图形的动态变化规律；物理课上教师应用 101 教育 PPT 中的物理学科工具，例如，磁感线模拟演示器实验，证明了磁场存在并有明确的磁场方向；对于化学学科的一些实验的微观变化过程，教师也可以用 101 教育 PPT 或希沃白板等化学学科工具来实现，还可以通过手机投屏的方式，利用手机上的"化学实验课""烧杯"等 App 将微观、危险的化学实验形象地展示出来，帮助学生认知理解、意义建构，降低学习的难度。

二、技术支持学生展示，丰富展示形式、类型与展示途径

学生的展示活动是学生认知活动的重要形式，学生的研究、准备、设计和展示的过程正是学生自身对知识的意义建构过程。学生之间的展示交流更是汇聚群体智慧、拓宽思路、进行思维碰撞的学习过程。技术支持的展示交流可以优化展示方式、拓宽展示时空、丰富展示内容，具体表现在以下几

方面。

一是优化展示方式。传统展示方式是学生语言叙述、现场操作、实物投影或将成果事先拷贝（或上传）到教师机。技术支持的课堂展示方式多样，学生可以通过 CCtalk、钉钉等互动平台，微信、QQ 等社交平台，还可以通过美篇、简书、电子相册、问卷星、UMU 等平台进行展示。例如，教科版科学课四年级下册第一单元的主要研究内容是凤仙花，科学老师与本年段美术老师和语文老师整合开展了跨学科学习活动，美术老师指导学生观察凤仙花种子发芽期、幼苗期、营养生长旺盛期和开花结果期的情况，并用写生的手法绘制"凤仙花的一生"的美术绘本，科学老师指导学生观察凤仙花在不同时期的变化，语文老师指导学生基于科学观察的基础上写出自己的所闻所感。学生以美篇的形式分享自己养殖的凤仙花在不同时期的照片、观察结果、所闻所感。再如，刘老师和石老师所在的学校是一所乡村学校，他们利用乡村优势开展了以"柳编"和"草编"为题材的校本特色综合实践活动。学生在课下采访了身边的老人，并请老人们演示柳编和草编的过程，学生将这个过程录制下来与学校乡村少年宫美术社团的师生们共同分享、研究和实践，最后他们编制出了柳筐、鸡篓等各式各类的生活物品和装饰用品。为了弘扬中华优秀传统工艺，学校还通过 CCtalk 直播平台向全校同学普及和展示了这一传统手编工艺。学校将学生的学习成果以二维码的形式分享给家长，得到了家长的认可和大力支持，他们主动向学校提供柳条和稻草等编织素材，支持学校开展编艺活动。学生们的创意作品得到了县、市、省专家的一致好评，被推荐参加全国的艺术工作坊展评。刘老师和石老师也因此带领学生们和他们的传统技艺第一次走出了山沟，走向了全国。

二是丰富展示类型。技术不但丰富了学生学习成果的展示方式，还支持丰富的展示类型，例如，学生自制了微课、互动编程动画、PPT 演示、图片、声音、视频、图文作品等。学生在不同展示类型作品的准备和分享中提升了信息技术应用水平和高阶思维认知能力。

　　三是拓宽展示时空。技术支持的展示交流能够超越时空的限制，使展示分享变得随时随地都可发生，展示内容变得丰富多彩。姜老师是一位小学低年级的班主任，为了全面了解学生在家的学习实践和生活情况，增加学生之间互相学习、激励促进的作用，利用微信小打卡程序建立班级圈子，根据班级开展的活动主题建立打卡任务，例如，跳绳我最棒；葫芦丝吹起来；我会做家务；写字我最棒；我是朗诵小能手；今天我来讲故事；读书心得等。活动以二维码的形式通过家长微信群分享，家长只需扫码即可将学生的实践过程以文字、图片、音频、视频等形式分享到班级打卡群，教师可随时评价学生的展示情况，及时了解学情；学生之间也可以相互评价、相互激励，共同进步。

　　在科学课的教学中，教师利用 WISE 在线平台进行科学探究活动的发布，实施建模、合作学习等创新活动，并通过在线讨论功能实现师生、生生间的多维互动交流。

　　四是实现交互性展示效果。在计算机教学中，教师引导学生以小组形式借助 Scratch 模块化编程软件完成交互式项目设计作品。例如，陈老师结合当前社会倡导的垃圾分类活动，设计了以"制作垃圾分类小游戏"为主题的 Scratch 项目化学习活动，游戏设计了"智能查询"和"互动闯关游戏"两个环节，"智能查询"可以帮助人们了解具体垃圾的分类；"互动闯关游戏"则是通过游戏的方式提升人们对垃圾分类的能力水平。教师与学生共同制作游戏的结构框架，根据四种垃圾类型将学生分成四组，指导学生分别制作本组垃圾类型的闯关游戏，最后教师将四组程序合成一个完整的程序。这个 Scratch 垃圾分类小游戏项目成果被学校采用，学校将其分发到全校各个班级，并要求班主任指导学生在课余时间玩一玩，作为普及垃圾分类的一次科普活动，通过玩一玩，学生快速学会了如何进行垃圾分类。这样的展示极大地激发了学生的探究热情，学生获得了成就感和自豪感。

三、技术支持学生反馈，实现实时显示、统计与分析

在教学过程中，教师通过技术手段可以及时收集学生的反馈信息，实时展示反馈信息和统计结果。反馈信息可以方便师生之间进行交流，及时辨别正误，及时接受各种不同思想和方法。反馈的统计结果可以方便教师及时调整教学策略，达到精准教学的目的。

例如，杨老师在讲授"闻一多先生的说和做"这节课时，正值新冠疫情防控期间，采取的是钉钉在线直播教学的形式。杨老师带领学生分析课文，抓住文章记叙的主要事件，分析人物的品格和精神。杨老师通过消息框与学生进行互动，学生在杨老师的引领下尽情表达自己的思考、理解和感悟，所有学生的思维和智慧通过消息框得到了短时、最大化的分享，这些展示结果在学生心中交融碰撞，使闻一多先生的品格和精神在学生们的心中内化生根，变成了学生情感认知的一部分。

又如，在实践练习环节，学生将实践结果上传至教师端，显示在全体学生面前。当需要展示学生的操作过程时，教师就采用手机投屏的方式，使全体学生都能清晰观察到学生的具体操作。师生共同分析学生的实践结果和实践过程，在反馈交流中习得知识、技能与方法。

再如，在课堂教学中，学生的检测和练习结果会通过平台得到即时统计，教师可快速掌握学生的学习情况，有针对性地采取相应的教学策略。在学习物理"牛顿第二定律"时，教师通过问卷星快速得到学生练习的统计结果，对于得分率较高的试题，教师采取小组内"兵"教"兵"的形式解决；对于得分率较低的试题，教师采取小组讨论、师生互动的形式共同解决问题。在品德与社会学科"有多少浪费可以避免"这一课中，师生在交流"生活中的浪费现象？浪费的危害？哪些浪费可以避免？"等问题时，教师利用 UMU 平台即时收集学生的反馈信息，实时镜像分享学生的学习过程。

技术支持的展示分享能够给全体学生提供公平参与的机会，信息反馈及时高效，反馈内容多维丰富，思维互动灵活深刻。

解决策略

技术支持的展示交流在设计时应注意技术工具选用要合理，技术工具的应用要有利于展示成果，有助于扩大参与范围，有助于促进学生对学习成果的思考等，促进学生深度学习，提升展示交流效率。

一、根据课程特点，选取正确的展示交流平台

不同的课程内容特点不同，适宜的展示方式也不同，教师应根据课程的自身特色选择展示交流的方法。例如，在数学课堂中，教师可利用几何画板支持学生观察静态图形的动态变化规律，在交流讨论过程中利用 UMU，实时镜像分享学生的学习过程，即时收集课堂交流与反馈信息；在科学教学中，教师利用 WISE 在线平台进行科学探究活动的发布，实施建模、合作学习等创新活动，并通过在线讨论功能实现师生、生生间的多维互动交流。

二、支持学生展示个性，选取适当的展示交流方式

学生真正进入到对学习感兴趣的阶段会产生许多有趣新奇的想法，教师需要做的是对学生的想法给予肯定与支持，保留学生的学习热情。学生不受限制，自主选择与展示内容最适宜的方式，对于内容的呈现效果也具有增色效果。

三、学校与教师共同营造未来教育平台

教师需要将现代教育技术融入其中，营造未来教育平台，让学校教育的优势能与其他教育途径的优势整合起来，营造可以持续发挥交流作用的教育平台。比如，教师应当赋予学生利用信息技术学习的条件，为其创造自主探究学习的学习环境，鼓励学生通过网络搜索相关知识，通过网络平台交流学习内容与学习心得。

样例展示 ▮▮

数学华师大版八年级上册"勾股定理的应用"

作者：长春市第一〇三中学　陈晓仲怡

信息技术的利用：

1. 利用电子书包数据统计展示课前学习效果。

2. 通过几何画板动态展示总结正方体及长方体最短路线长的所有情况。

3. 通过电子书包交流自主探究及小组合作的结论。

教学片段：

1. 创设情境

教师以学校开展的秋叶节活动为背景，让学生们完成学校交给的任务，如何给亚泰和桃源校区的柱子上缠彩带。

【技术工具】多媒体课件。

【使用目的】通过图片展示，利用情境导入激发学生的学习兴趣，从学生熟悉的生活场景引入，提出问题，学生探究的热情高涨，也为下一个环节奠定了基础。

2. 课前检测

教师利用三道小题检测学生课前微课的学习效果，并且让学生说明自己的解题思路，并利用第三小题在培养学生说理能力的同时对勾股定理解决问题的过程进行梳理，规范书写，为后面学生更规范的书写过程及逻辑思维能力培养提供帮助。学生通过这一环节，将立体图形转化成平面图形，进而初步掌握通过构建直角三角形解决实际问题的思想。

【技术工具】电子书包。

【使用目的】利用电子书包发布习题，学生实时作答，教师端及时统计并展示学生的答题情况，以统计图的方式了解学生课前学习的情况，便于教师更好地针对重难点进行教学。

3. 合作探究

教师将学生已经掌握的解决问题的方法应用于正方体和长方体中找最短长度的问题，将学习小组分为两部分，分别去探究正方体和长方体的展开方式。

教师基于问题的思考将学习任务单要求定为：

（1）独立思考，找到从点 a 到点 b 的最短长度至少需要展开几个面？有几种展开方式？

（2）动手在学习任务单中画出来。

同时，在合作探究环节，教师提供多种资源给学生，包括可动手操作探究展开面的多种情况、用浏览器搜索相关的信息以及点播微视频，为学生提供思路。学生探究正方体和长方体的最短路线长问题时，遇到困难可以参看相应的微课为自己拓展思路，解答疑问。教师在授课前，将学生探究过程中可能出现的问题进行预设，为不同层次的学生录制相应的微课程。

学生以小组为单位汇报讨论结果，教师利用几何画板展示正方体及长方体最短路线长的多种情况。

【技术工具】几何画板。

【使用目的】几何画板的动态演示在学生经过小组讨论完成的基础上更直观地展示出由立体到平面的过程，建立数学模型，将问题转化为利用勾股定理求第三边长的问题。

4. 随堂练习

教师通过两道简单习题的练习让学生感受用统一思想解决绕立体图形一圈的问题，让学生对学习的知识进行巩固练习，同时训练学生根据立体图形画出展开后的平面图形并计算，让学生在前面学习的基础上，强化数学建模的能力，并能运用勾股定理解决问题。

【技术工具】电子书包。

【使用目的】学生利用电子书包拍照上传解题过程，教师可以在学生上传的照片中选取学生进行点评，或直接点名让学生通过学生端操作讲解自己的解题思路。

【样例评析】

本节课是在混合学习环境下，以电子书包作为主要教学工具的课堂，强调的是集体学的教学模式，所以，本节课以学生为主，教师作为评价、总结的角色，利用信息技术手段支持学生的探究、交流与展示。

教师利用多媒体课件展示图片，从生活出发，从身边的实际情境出发，引起学生的兴趣，并激发了学生探索和解决问题的兴趣，所以学生学习的热情浓烈。

教师通过课前的微课布置，将课堂的新知讲授部分前置，实现翻转课堂，既让学生提前思考"从立体到平面"的数学思想，又节省了时间，为小组合作探究环节提供了更多的支持。教师在课上利用电子书包对学生课前微课的学习进行检测，实时了解学生的自学情况。

在常规课堂教学模式下，学生小组合作探究的环节采用的多是让学生靠想象立体图形到平面图形的展示过程，或教师采用教具演示。在电子书包的学习环境下，教师可以为学生提供多种资源。在进行汇报时，学生的汇报形式多样，通过电子书包的"学生讲"功能，学生可边讲边利用学生端的资源进行说明，或者直接将画好的图形、模型拍照上传并加以讲解，这样既丰富了学生汇报展示的方式，也有利于培养学生的逻辑思维能力及说理能力。

学生汇报完毕后，教师端可以利用几何画板动态演示长方体、正方体的不同展开方式，在学生得出结论的基础上加以总结，通过技术手段更准确地说明不同展开方式中，最短路线长的不同，因此，需要比较后才能得出结果。

在随堂练习环节，教师也可以通过实时数据对比的方式让学生答题，学生可通过学生端加以讲解，教师再对学生的解题思路做评价。

本节课在混合学习环境下融入了多种信息技术，拓展了学生的学习空间，学生在勾股定理的学习中感受到了"数形结合""转化"等数学思想，体会到了数学的应用价值和渗透数学思想给解题带来的便利。本节课真正做到了先激发兴趣，再合作交流，最后展示成果的自主学习，让学生真正成为学习的主人，更培养了学生的数学学习能力。

工具索引

学生在开展自主学习和探究性学习时，需要在组间及组内进行交流展示。新技术可以在交流和展示中发挥较好的作用，使交流展示更加顺畅，沟通更加深入。

PPT、Prezi、Focusky 等都是用于展示的好工具。PPT 在我们日常教学中应用得比较广泛，学生在日常课堂中接触得比较多，在日常计算机教学中，学生对这款软件也有所接触，很多学生应用这款软件做汇报交流，可以说是轻车熟路。PPT 的优势在于它有大量的模板，使用方法较简单，学生一般都能在很短的时间内掌握。

1. Prezi

Prezi 是一款与 PPT 类似的展示软件。它通过缩放位移来展示相应的内容，平滑的过度和炫酷的旋转增加了展示的丰富性，这款软件的展示效果比 PPT 更加炫酷，具有很强的视觉冲击力。这款软件除了可以展示相应的文字和图片内容外，还可以展示视频、PDF 文档等很多媒体类型。这款软件既可以在网页端编辑相应的展示内容，也可以在电脑中安装它的桌面端，生成的演示文稿既可以在本地观看，也可以上传到服务器或嵌入网页中查看。这款软件的基础版是免费的，教育版也是免费的，但是高级版是收费的。

2. Focusky

Focusky 也是一款类似于 Prezi 的免费演示文稿类软件。它的操作方法和演示效果与 Prezi 类似。这两款软件只要掌握一种，另一种的操作也能很快学会。这两款软件都具有大量的模板供用户使用，用户在创作演示文稿时可以参照模板的样式进行，可以节约大量时间。

如果演示文稿的软件不能满足暂时的需求，我们还可以使用视频的展示方法进行展示，这种视频对于学生来说应用专业软件会稍有些难度，我们可以使用一些简易的视频制作编辑软件。简单应用的视频创建编辑软件可以使用"票圈"这个在线视频编辑网站，这个网站只需使用微信登录后，即可非常方便地编辑创建视频，可以加入图片或视频，然后加入字幕文字。根据字幕文字，网站可以提供相应的各种类型的声音配音。网站还提供了大量图片或视频，它可根据你输入的文字自动进行查找和分类。简单几个步骤，一个场景就可以生成一段视频，通过多个场景的叠加，一个简单的视频即可创作完成。我们通过导出文件的形式，将视频导出到本地电脑即完成一个视频的创作，也可以将视频分享到各个平台中进行展示。

3. 手机端视频创作工具

除了在网页中可进行视频的创作以外，我们也可以在手机端进行视频的创作，比如使用剪映、快影、必剪这三款手机端视频编辑软件可以进行视频的创作和编辑。这三款软件分别对应着抖音、快手和 B 站，它们分别是这三个视频网站的官方剪辑软件。这三款软件使用的方式、方法和特效等内容大同小异，区别度不是很大，我们可根据经常使用的视频平台进行选择，剪映可以直接分享到抖音，快影可以直接分享到快手，必剪可以直接分享到 B 站。

4. UMU 互动学习平台

进行展示和分享，有时需要展示一些调查问卷的相关内容，或是展示现场反馈的相关内容，这时我们可以使用 UMU 这款软件。UMU 在教育和培训领域有自己独树一帜的风格，这款软件支持手机端和网页端共同使用，我们在使用时最好使用谷歌浏览器用于支持这款软件的全部功能。UMU 的问卷功能可以在统计问卷时以各种可视化表达方式在大屏幕上展示问卷的统计结果，使结果更加容易被理解。它的讨论环节会将现场通过扫描二维码发送讨论结果的内容提取关键词并以词云的方式显示在大屏幕上，从而能更加准确地定位各参与讨论人员的观点和想法。UMU 还有拍照、考试、作业、游戏等环节可供使用。UMU 在展示者与观看者的交流互动上有着其他软件没有的优势，它可以很方便地搭建两者互动的桥梁，观看者简单地扫一下二维码就能参与到交互之中，展示者也能方便地将反馈的内容展示在大屏幕上。UMU 的优势在于学生可以很方便地参与到课堂的各个环节中来，教师在网页端就可完成所有的操作，而不必下载相应的应用程序。这款软件的展示效果也是非常棒的，它的可视化元素比其他软件有更大的优势。

5. 希沃授课助手

课堂中教师和学生还可以采用直播的形式进行展示分享，教师可用手机或其他手持客户端，将学生的实验操作或研讨过程分享到大屏幕中，或采用直播的形式，将学生的做题步骤展示在大屏幕上，这种分享形式更加直观。我们可以采用希沃授课助手的直播或智慧课堂的直播功能来实现这个功能。希沃授课助手除了可将拍照或文件分享到大屏幕上进行展示以外，也可以采用直播的形式将课堂的内容以视频的形式在大屏幕上进行展示。利用希沃授课助手，教师只要打开摄像头就会将学生正在进行的操作或习题的演算过程在大屏幕中同步展示出来，具有这项功能的还有智慧课堂这款白板软件。具有这种功能的软件，一般需要在手机端和白板上同时安装软件的电脑端和App 端才能实现这种功能。能够实现手机屏幕共享和直播功能的软件也可使用"慕享"，这个软件的使用方法与希沃授课助手类似，也需要手机端和电脑端在同一网络中使用，它与其他的屏幕共享软件相比，优势在于比较稳定，不易掉线。

6. 几何画板

一些专业软件对展示一些专科的内容比较有优势，比如几何画板在展示数学学科中的几何内容时比使用演示文稿的软件要直观、明了。几何画板可以展示数学中一些动态的图形或点的运动状态及改变相应参数时，对应的图形或内容的变化情况，这些都是演示文稿类软件所不能完成的。再比如在演示一些实验时，使用虚拟实验软件进行展示化学或物理的一些实验就非常方便，而演示文稿的软件只能展示实验中的某个步骤的静态图片，不能展示实验的整个过程。

如使用"烧杯"这个软件展示化学实现现象及结果就可以展示很多由于危险和缺少药品无法完成的演示实验，教师通过屏幕共享软件将手机的屏幕投放到大屏幕上，就可以将"烧杯"这种虚拟实验的效果展示在学生面前。

7. 其他工具

教师还可以鼓励学生使用微信公众号、美篇、荔枝电台、抖音、B 站或其他平台展示自己的作品或发表自己的言论，这些平台的好处是可以有更多的受众对学生的作品或言论进行学习和评论。这对于学生创作将会有更高的激励作用。学生在这些平台发布自己的作品后，也可以将作品链接发送到班级的讨论群中，由小组成员或班级其他成员对作品进行评价和讨论，这种评价和讨论对于提高学生的表达勇气和表达能力都将有较大的帮助。在这些平台上发布作品要区分作品的类型，图文类的可发表在公众号和美篇中，视频类的可发表在抖音和 B 站，声音或诵读类的可发表在荔枝电台。这样才能更好地发挥各种媒体平台的最大效益。

第四节　家校交流与合作

案例启思

肖老师从教近 30 年，是位对班级管理非常尽职尽责的班主任。在通信技术不是非常发达的时期，肖老师经常对自己班的学生进行家访，了解学生家庭状况以及家长对孩子的教育情况，使自己在学校的教育教学、班级管理等工作进行得更加顺利。

在信息技术以及通信设施日益完善的新时期，肖老师也跟随时代的发展，变革了自己与学生家长的沟通方式，班级从最初的 QQ 群，到现在的微信群，家校沟通更加方便、快捷，同时节省了许多时间，肖老师能更加全身心地投入到自己的班级管理工作中。

但是让肖老师想不通的是：现在的家校沟通比原来更加频繁，对学生信息的反馈更加及时，但是为什么总感觉现在的沟通是低效沟通，甚至是无效沟通呢？有一次，班上的昊昊同学作业没带，肖老师给昊昊妈妈发了微信留言，让昊昊第二天把作业带来，结果第二天昊昊的作业本依然没带。肖老师当即给昊昊妈妈打电话沟通，结果妈妈说家里也没有。类似的发生在别的学生身上的这种情况也屡见不鲜。与肖老师同年组的其他班主任也有同感：现在虽然班主任与学生家长沟通更容易、更快捷，但是与家长之间的情感却显得那么淡薄，似乎难以感受到曾经家访时的真情交流了。家校沟通呈现这样的结果，问题究竟出在哪里呢？

问题剖析

家庭是孩子的第一所学校，父母是孩子的第一任老师，这已得到大众普遍的认同。家庭教育和学校教育、社会教育并称为教育的三大支柱。教师在学校教学当中组织学生家长参与教学活动，实施家校联动的教学策略，不仅能够帮助学生在课堂当中有更好的表现，还能够使家长及时了解学生在学校的表现。部分学生正处在青春期，与家长沟通交流的不够，因此我们有必要通过家校联动的方式，加强学生与家长间的沟通，使家长更加了解自己的孩子，从而在教学当中提升家庭教育的科学性和高效性。

一、家校交流与合作存在的一些问题

由上面案例中肖老师思索的问题，我们可以分析出，肖老师与学生家长

的电话联系，其实仅是停留于浅层次的交流，而非深层次的沟通。家校合作存在以下问题：

1. 沟通形式单一，受时空限制，沟通的广度与深度不够。

2. 沟通忽略学生的角色。

3. 沟通缺少理解，缺少融合。

4. 沟通单向，热情不够。

这些问题导致家长不理解学校的教育理念，不理解学校开展各项活动的教育意义，因此不支持学生在家或学校进行的各种实践活动。同时，家长不能及时了解孩子在校的表现，不能与教师配合形成合力。家长家庭教育观念陈旧落后，对孩子的教育没有起到正面作用，给学校教育造成更大的困难。家校沟通不顺畅，合作不及时，导致出现各种各样的教育问题，给学校教育带来了层层阻碍。

二、家校交流与合作的意义

信息技术的发展使得家长参与学校教育、学校指导家庭教育的双向活动可以更为及时、频繁，也更为有效，因而教师需要具备与新时代相匹配的信息素养，能够应用新媒体技术与家长进行良性沟通、有效合作。首先，信息技术可以搭建家校交流的平台，例如，微信群、QQ群、校校通等工具能及时传递教师与家长间的信息，教师通过在线问卷了解学生及家庭情况等。其次，信息技术可以有效创造家长参与学校教育的机会，如在微博展示活动中请家长参与作品评价，既能促进家长与学生之间的交流，也能帮助家长更深入地理解学校的教育理念与方法。此外，信息技术还使得学校指导家庭教育更为有效，例如，教师制作微课程指导家长的家庭教育等。

解决策略

中共中央 国务院《关于深化教育教学改革全面提高义务教育质量的意见》

指出："充分发挥学校主导作用，密切家校联系。"获得家长的理解、信任和支持是做好学生教育的前提。沟通才能合作，合作才能共赢。教师除了要掌握家庭教育方面的知识外，还要深谙沟通的艺术，借助信息技术手段，使得家长参与学校教育、学校指导家庭教育的双向活动可以更为及时、频繁，也更为有效。

一、应用新媒体技术与家长进行良性沟通、有效合作

（一）信息技术支持，使家校交流与合作及时有效

1. 搭建及时交流的平台，跨越时空共筑学生成长摇篮

家校沟通的方法虽然多种多样，但社会的快节奏、日渐繁忙的日程和遥远的距离已经使面对面的深入交谈变得更困难。因此，学校除采用常规的家长访校、家长会、家访、电话访、建立家校联系网、成立家校沟通委员会等方法与家长进行交流外，还可以利用 QQ、微信等社交工具，及时了解、沟通和反馈学生的思想状况及行为表现，营造良好的家校关系和共同的育人氛围。教师更应及时与留守儿童、问题儿童的父母联系，帮助家长及时了解孩子在校的表现。教师应指导家长运用信息技术手段多与孩子沟通，指导交流的方法，关注孩子的情绪表现和心理发展，及时给予孩子心灵的抚慰和观念的指导，帮助孩子解决学习上的困难，尽其所能帮助孩子回归到健康成长的轨道上来。

教师还可以利用班级优化大师等班级管理软件及时向家长推送学生在学校的学习和日常行为表现情况，帮助家长及时了解孩子在学校的表现，帮助家长及时了解孩子的优势和不足，得到家长的合作与支持。

2. 拓宽家长参与学校教育的渠道，提高家长的参与积极性

学校常规活动和专项教育活动是全面体现学校教育理念和方法的窗口，是取得家长理解和支持的途径。教师运用信息技术手段，帮助家长及时了解学校开展的活动和教学情况，促进家长理解教师工作和学校开展各类活动的教育意义，促使家长与学校步调一致，积极参与学校的发展建设。

家长开放日活动也是家长了解学校教学情况、感受学生日常学校生活、参与学校管理的一种常规方式。信息技术手段可以增加家长的参与率，教师可获得更直观的反馈评价。信息技术手段架起家长和学校之间相互理解、相互支持的桥梁。

3. 多措并举开展家庭教育，发挥家庭教育的重要作用

《国家中长期教育改革和发展规划纲要（2010—2020 年）》指出：充分发挥家庭教育在儿童少年成长过程中的重要作用。家长要树立正确的教育观念，掌握科学的教育方法，尊重子女的健康情趣，培养子女的良好习惯，加强与学校的沟通配合，共同减轻学生的课业负担。家庭教育直接影响着学校教育的效果，对学校教育起着必要补充和协同作战的作用，是学校教育成功的基础。《教育部关于加强家庭教育工作的指导意见》中指出：充分发挥学校在家庭教育中的重要作用，加快形成家庭教育社会支持网络，推动家庭、学校、社会密切配合，共同培养德智体美劳全面发展的社会主义建设者和接班人。

学校通过各种形式开展家庭教育指导活动，提升家长的家庭教育理念，为家长家庭教育献计献策，贡献良方，通过家长沙龙、亲子互动、"圈起同心圆，共筑孩子梦"等系列活动，切实提高家庭教育的实效性。

（二）真诚感动家长，使家校交流与合作形成合力

1. 转换角色

孩子在青春期会产生很多烦恼。在与家长沟通时，教师不再是班主任而是家长、孩子的知心朋友，与他们平等交流。这既保护了未成年人的个人隐私问题，又很好地与学生进行了沟通，并及时联系家长帮助其解除孩子青春期成长中的烦恼，使他们能快乐健康地成长起来，将心思更多地放在学习上，从而塑造自己的完美人格。

2. 换位思考

教师在与家长沟通时，常会遇到难以达成共识的局面，这就要求教师要有换位思考的思维方式，从自己是孩子父母的角度去思考、体会家长的需求，

这样便会理解家长，处理问题的态度和说话的方法也会不一样。教师在沟通时要注意语言婉转，既要让家长了解孩子的不足，又要让家长冷静地看待孩子的问题，使沟通达到高效。教师要从家长的角度出发来考虑问题，把自己与家长放在平等的位置上，耐心、细致地进行沟通，不歧视他们，及时了解他们的内心感受，真正实现和谐的沟通与交流。

3. 平等交流

教师与家长沟通是双方面的事情，如果一方积极主动，而另一方消极应对，那么沟通也是不会成功的，要重视沟通的时间及地点。沟通前，教师要向学生了解家中的情况，或先征求家长的意见，以便决定是否进行沟通。对于有进步的学生，教师可公开表扬，这对学生和家长都是一种鼓励；对于暂时落后的学生，为照顾学生及家长的感受，教师最好采取电话或个别沟通的方式。教育过程中存在一个不容忽视的问题需要改正，那就是教师应当放下"架子"，面对家长，应当少一些责备，多一些沟通；少一些吩咐，多一些建议。教师要把学生家长当成朋友，和他们共同探讨对其孩子的教育，在单独的环境中，用商量的口吻提出教育措施，体现对家长的尊重。

4. 讲求艺术

沟通是一门艺术，教师要讲究一定的方式方法和语言艺术，懂得沟通的技巧是做好班级工作的重要途径，也是教师应具备的素质。教师与家长的沟通关键在于教师与家长建立相互信任、尊重、支持的合作伙伴关系，这取决于教师的态度与行为。家长感觉到教师发自内心关心其孩子，工作尽心尽职，就会对教师产生信任，并由衷地尊重教师，家长与教师的关系会像朋友般融洽，那么，沟通也会变得更容易、更愉快。

二、家校交流与合作的实施原则

1. 正确维护家校关系，共同教育孩子

家长应参与学校教育，与教师一起担负起教育孩子的责任，家长和教师的目标是一致的。因此，家长要尊重、配合、服从教师对孩子的教育，家长和教师一定要加强沟通，真正做到"家校合作"。教师可以合理利用技术媒体与家长沟通，让家长及时掌握学生的情况，在家校合作中使教育更深刻、更全面。

2. 积极参加学校开展的各项家校联合活动

对孩子的教育需要家长密切配合，家长们应该多关注校园动态，多关注孩子在校的举动，对于学校开展的各项家校联合活动更应该积极参加。技术介入的家校联合活动也不仅仅局限于校园内，对于学校通过社交平台组织的联合活动，家长应该重视并积极参加。

3. 不局限于班主任主导的家校合作，各学科教师都应开展适当的家校合作

传统的教学活动往往局限于班主任与家长之间进行互动，但是班主任对于学生具体科目学习情况的了解远不如对应科目的任课教师，在沟通中难免出现偏差，因此，各学科教师应该组织适当的家校互动，可以利用技术手段与平台让家长实时了解学生的情况，并引导家长与学生共同完成相关学科的课外作业，实现全方位多角度的家校合作。

4. 加强对教师的职业培训，学习有效的家校沟通技能

教师作为家校合作最直接的参与者，一言一行直接影响着家校合作的效果。教师不管与什么类型的家长沟通，首先都应该平等对待家长，尊重他们，换位思考家长在照顾孩子过程中承受的压力，尽量做到家校共育，把处理问题的角度调整到同一方向，才能实现有效的沟通。在沟通技巧方面，教师应尽可能做到言语委婉，尤其在描述学生问题方面，要保证客观、真实地将情况反映给家长。因此，教师的沟通技巧培训是十分重要的。

样例展示

赵老师所在的学校是一所乡村九年制学校，学生刚入学她就开始带，如今已是第四个年头，她工作之余不断反思学生的问题，积极探寻问题的根源，

她发现家庭教育的缺失和不当会导致学生性格缺陷，造成心理问题，如任性、骄横、自私等问题，如果不能及时纠正这些问题，会阻碍学生的发展。因此，赵老师特别重视家庭教育，经常通过班级微信群向家长推送家庭教育方面的视频链接，对不太用智能手机的老人，赵老师直接用录屏软件录制下来，通过QQ群发给家长。有的时候，针对班级学生存在的普遍问题，赵老师还亲自制作微课发给家长，指导家长教育的方式、方法。

赵老师所在的学校每年还聘请家庭教育方面的专家、相关教师、优秀父母等对全校家长进行家庭教育方面的讲座，学校采取现场互动和网络直播的形式进行培训，使家长的参与度达到最大化。除此之外，学校还聘请了领域内的专家、优秀家长、德育和心理教师组成的家庭教育指导团，组建钉钉培训群，定期开展钉钉视频会议答疑活动，解答和指导家长面临的家庭教育问题，使家庭教育指导更及时、更有针对性。

【样例评析】

从上面的案例我们可以看出，无论是赵老师，还是其所在学校，均遵循着以人为本的教育理念。学校凭借信息技术手段，具体问题具体分析、具体对待，寻找最佳的方式、方法来解决家校沟通方面的各种问题，使两者和谐统一，使家庭和学校、家长和老师形成坚强有力的统一体，共同促进学生的完美和谐发展，实现教育效果的最优化。

在学生的成长发展过程中，家校沟通合作已成为教育的重要环节，成功的沟通能调动家长参与教育的积极性。以学生为主体，家庭和学校共同努力，形成一种协调、同步、互补的关系，用家庭教育的优势来弥补学校教育的不足，让学校教育指导家庭教育，最终实现双方优势的相互利用和相互补充。

工具索引

对学生的教育，学校是教育的主阵地，家庭的作用也不可忽视，只有家庭、社会、学校相互配合好才能有好的教育。而好的配合缺少不了好的沟通，学校与家庭的沟通方式有很多，而利用信息技术和网络工具能够更有效、更及时地实现家校的沟通。家校沟通可以使用以下工具及方法：第一个就是人人通或家校通这类的专业家校沟通软件；第二个是聊天软件，如 QQ 或微信；第三个是学习空间；第四个是作业类网站。

表 4　家校沟通软件对比

方式	沟通内容	操作难度	单向 or 双向	推荐指数
人人通	丰富	一般	双向	＊＊＊＊＊
QQ、微信	丰富	简单	双向	＊＊＊＊
学习空间	较多	较难	部分双向	＊＊＊＊
作业网	单一	较难	单向	＊＊＊

一、人人通

家校沟通最常用的就是"人人通"这种专业的家校沟通软件或 App。在人人通 App 中，学校可以发布学校的各项通知，分享重大活动的活动纪要，发布学校的各项活动安排。教师可以分享学生在学校的各种活动及学习过程的照片、视频等内容，与家长共享，也可以布置任务与家长共同监督学生完成，如阅读打卡、课前导学、课后练习、实践任务等，还可以发布家长应了解的家庭教育知识，如家教微课或视频，帮助家长在家庭教育中更好地发挥作用。有效使用"人人通"这类专业的家校沟通平台，还有一个好处就是它可以将教师平时发布的各项活动或作业等内容的数据积累起来，帮助家长和教师对学生的学习情况有一个更加准确的把握。这类专业的教育软件也可以将学生在课堂中的表现直接共享给学生家长，教师在课堂中对学生的点评，学生在课堂中的在线测试，都可以通过软件的相关功能让家长了解，这样家长不但能了解孩子在家的表现情况，还能了解孩子在学校的表现情况。

二、微信、QQ 等聊天工具

教师也可以使用微信、QQ 这类成熟的聊天工具，利用这些工具的群功能，将班级内的家长统一在群内管理，可以在群内发布班级的重要通知、作业等相关内容，也可以使用语音或文字单独与家长沟通学生在校的表现情况。它们与人人通这类软件都是能够完成教师与家长的双向互动，教师可了解学生在家的情况，家长可了解学生在校的情况，并且家长与教师能够做到及时沟通，学生有何动向能够及时对其予以干预，防止学生由于家校沟通不畅而"钻空子"的情况发生。使用微信或 QQ 进行家校沟通时，家长或学生一般都有这类成熟聊天软件的账号，并且一般与电话号码绑定，这样就不必再申请新的账号、记忆新的密码，减少家长的操作步骤，这样也会减少家长的非必要操作，使交流沟通更便捷。但这种聊天软件有时家长会忽略掉一些教师发送的消息，而家校通类的软件，家长看与没看，软件都会给教师提示，教师若发现家长没看，可通过其他方式与家长建立联系。

三、网站、公众号、美篇

学校的网站、公众号、美篇等也是家校沟通的重要途径，宣传的作用不可忽视。学校经常把学校所完成的工作、开展的活动及努力方向发布到网站、公众号、美篇这类宣传工具中，使家长了解学校教育的相关动态，并可以配合学校完成相应的工作，这样可以减少家长与学校和教师之间的误会及矛盾，使家长更加理解学校和教师的工作。同时学校网站、公众号、美篇也是宣传学校正面信息的主阵地，我们可以通过这些平台宣传学校，宣传教育，提高学校、教育和教师在社会上的地位，让更多的家长和社会更多的成员配合好学校，完成学生的教育工作。

四、微博、QQ 空间

教师的工作空间和学生的学习空间也是加强家校沟通的一种良好手段。教师可以利用教师的工作空间发布课程学习内容、共享的资料、班级的活动情况及各种班级管理中需要学生和家长了解的内容。教师也可以通过学生的学习空间了解学生作业的完成情况、布置的家庭实践任务的完成情况等相关内容。在日常的教学中，教师的工作空间中可推荐学生阅读的书目、家庭中可完成的实践内容，家长可通过教师的工作空间了解相关内容。在假期时，教师可通过空间阶段性地公布学生需要完成的假期作业内容，家长可根据教师的空间布置任务情况，督促学生完成相关的作业。

五、作业平台

目前，很多关于作业的相关平台也都是很好的家校沟通渠道。例如，教师通过"一起作业网"布置相应的作业给学生，学生在完成作业的同时也积累了日常的学习数据，家长可督促孩子完成相应的作业，可以查阅近一段时间学生作业的完成情况，教师可将阶段性的作业情况分享给家长。人人通空间上也有相类似的作业布置功能。使用平台布置作业的好处是教师和家长都能够了解学生在学校和家庭中作业的完成情况，从而更加精准地指导学生的学习。并且人人通和一起作业网之类的网站都有根据课程制订的题库，教师可简单地使用相关习题推送，就可以完成作业的布置，简化了教师查找和挑选习题的工作。

六、问卷星等调查问卷系统

调查问卷也是家校沟通的一种重要手段，教师在了解学生、了解学生家庭状况，在家学习、生活等内容时，可采用问卷的形式与家长沟通，通过这种形式，教师能更加快速、有效地对全体学生的情况有普遍性的掌握。问卷类工具可选择的有问卷星、问卷网、腾讯文档等。问卷星可以很方便地进行问卷设计，可以导入文本类的问卷，也可以使用模板进行修改。问卷星的题型丰富，形式多样，能够满足不同类型问卷的需求，也有多种途径进行问卷的分享和收集，并且在网页端和手机端都能完成相应的操作，方便教师随时进行问卷的设计与分享。问卷网与问卷星的功能和用法类似。而腾讯文档除了可以进行问卷调查外，最大的特色是支持多人编辑同一文档的共享操作，这样教师在收集一些表格信息时就可以直接上传表格共享，家长填写相关内容即可完成信息收集工作。

第五节　公平管理技术资源

案例启思

唐老师从教 20 多年，是名经验丰富的教师，同时她也非常好学，对教育教学中出现的新鲜事物都能够积极主动进行研究，并尝试在课堂教学中运用，像几年前学校购进的交互式电子白板，后来使用的多媒体一体机……唐老师都在尽心尽力深入研究，并总是能从学习中将遇到的难题及时破解。

但是最近唐老师遇到了一个比较棘手的问题：各种不同的资源学习平台推出到普及使用，不同形式的线上学习日趋成为学生自学的主流方向，上级教育部门在学生学习方面主推了"×××平台"的"×××空间"，大力提倡在师生学习中广泛应用，并进行使用率排名。而这项活动持续推进了很久，虽然从整体上反映活动进度比较顺畅，数据积累也很可观，但是唐老师心里清楚，班级中还有个别学生其实是没有真正将平台提供的资源利用起来的，这其中不乏各种各样的原因，如家长觉得电子设备对学生视力有影响，家长担心在使用过程中学生自律性差会分散精力，平台有些功能，唐老师自己摸索的尚不透彻，因此无法引领学生深度应用……

问题剖析

这个问题也是大多数教师遇到的困难，这不是集一人或几人之力能够解决的状况，需要班级所有家长、学生乃至学校、社会的共同响应，如此大范围的运用，怎样才能实现人人到位呢？在技术资源管理方面，目前还存在以下几个问题：

一是数字资源呈现的问题。从视、听觉上，教师教学所用的PPT、微课中各个显示元素设计没有照顾到全体学生的视觉感受，例如其文字、声音太小，图片和视频太模糊；从思维逻辑上，PPT或微课内容就是知识的罗列，对学生的知识和意义建构的支撑不够；从使用上，PPT或微课的形式比较单一，仅限于课堂，没有照顾到学生的差异性，不能满足学生个性化学习的需要。

二是技术设备使用的问题。在开展混合式学习的过程中，学生使用的技术设备，如电脑、平板等不能保证每个学生均能正常使用，这影响了学习进程和学习效果。

三是网络访问环境的问题。课堂探究活动、课后拓展作业的完成都需要网络资源，课后翻转课堂的视频作业也需要网络环境来支持。教学过程中常常因为不能保证人人都能上网，而使探究活动、翻转课堂学习活动难以深入，最终流于形式。

四是跟踪服务指导的问题。在技术资源使用的过程中，教师对学生学习困难的预见不足，支持学习的指导材料准备不充分，对学生的学习进度和状态关注度不够，反馈指导不及时。

一、公平管理技术资源概念解析

公平管理技术资源旨在保证每个学生都有均等机会接触和使用技术资源，不同技术水平的学生均能顺利使用技术工具开展学习，对于课堂教学过程中因技术故障引发的意外状况，或者对于学生在信息化环境中开展学习活动时发生的意外状况，均能够灵活应对与处理，确保学生的学习顺利进行。

要实现公平管理技术资源，教师应尽量做到：在课堂教学过程中，对于所使用的教学 PPT、投影等技术条件，能够考虑到全班学生均能有良好的视听体验，所准备使用的技术设备如电脑、平板等保证每个学生均能正常使用，并且需要对每个学生的技术资源使用进度与状态保持密切关注和及时反馈指导，让学生在集体、小组和个别学习中平等获得技术资源和参与学习活动的机会。教师要考虑到教学活动所需的资源对于所有学生都是易于获得的，且是大致公平的，例如，如果探究活动中需要用到网络资源，教师需要考虑是否能为所有学生提供访问环境，或者所有学生都方便上网且掌握了网络访问的技能，布置的课外拓展作业任务要考虑到学生家庭中是否均有网络接入等技术条件。对于技术有优势的学生，可以创造机会让学生扮演示范、辅助的角色，引导学生提升技术素养。

二、公平管理技术资源的意义

技术资源对于学生来说是一种全新的学习工具，每个学生都有权公平接受技术资源，教师在这个过程中公平管理技术资源，让教学过程能够顺畅进行，也是对学生最大的公平。

1. 加强信息技术配套设施建设，改善办学条件。实现教育信息化的前提是拥有一定的信息技术设备和信息化专业人才，这样才能确保信息化的顺利完成。教育设施充足也就能更大程度地保障学生的公平参与，保障技术资源公平。

2. 加强信息技术师资力量建设，对教师进行信息技术知识的培训。学校可让信息技术教师来承担对其他教师信息技术知识的培训工作，可以根据具体情况定期和不定期进行培训，使教师能够妥善处理在课堂教学中技术故障带来的意外状况，确保每一个学生都能积极参与到技术使用与教学活动中。

3. 关注学生情况，确保学生公平使用技术。部分学生可能没有在家使用技术资源的条件，如网络状况和技术资源平台的载体缺乏等，教师需要关注每位学生的状况，了解学生遇到的问题，及时提供解决方案促进技术资源的公平。

4. 与专业人士及时沟通，开展技术资源的学习。在学校引进技术资源时，有专业人士指导技术资源的使用，教师应该积极加入学习，避免由于技术学习不到位导致的技术资源利用不充分。

5. 教师之间展开技术学习的讨论，使技术资源能够更高效地被利用。教师之间的技术使用能力不同，导致不同班级学生对技术资源的利用存在差异。教师定期对技术资源的使用展开讨论，对技术资源的领悟程度尽量保持平衡，实现技术资源的公平管理。

解决策略

《教学技术：领域的定义和范畴》一书对教育技术资源进行了详尽论述，强调教育技术资源是对学习的支持，是有助于学习者有效学习与操作的，它包括支持系统、教学材料、环境及人员。

一、采取有效措施，实现技术资源公平管理

教育技术资源的管理水平直接影响学习者的学习效果。因此，为保证公平管理技术资源，保证学生顺利开展基于学科的课程综合化教学，开展研究型、项目化、合作式学习的基础，我们不妨采取以下措施：

（一）合理使用 PPT、投影等技术，保证良好的视听效果

目前，随着学校信息化教学的推进，现代教育技术所需的硬件教育设备已初具规模，多媒体设备已经普及，运用多媒体课件辅助教学已经成为课堂教学的主流，其主要用作辅助说明课堂教学流程，整合多种媒体素材，呈现关键知识信息，帮助学生实现对知识的理解和建构，提高课堂教学效率和效益。因此，教师使用课件的方法和策略要恰当，同时一定要注意让全班学生均能有良好的视听体验，保证技术资源的公平管理与利用。

表 5　技术资源的公平管理与利用

关注方向	达成目标	具体措施
课件质量	文字、图表、图片、结构图等内容清晰准确、大小适中，保证教室内任何位置的学生均能看清	教师在制作课件时尽量用加粗字体，并使用分辨率高的图片；尽量提炼关键语言放置在课件中
观看效果	保证光线适度，使每个位置上的学生都能够清晰地看到课件中出现的内容	教师在播放课件时及时询问学生，了解并解决问题，可借助日光灯或窗帘的调整，为学生营造舒适的观看环境
		教师可采取小组形式分配座位，不让学生坐在教室角落，保证每名学生都有良好的视觉效果
		教师采取串座的方式，让学生从不同角度观看课件，更可以体验到不同的视觉效果
课件播放效果	合理选择音、视频的下载路径与嵌入方法，保证音、视频内容清晰流畅，画面稳定，讲解清晰，无冗余信息	教师尽量选择 MP3、WMA 格式的音频，视频则最好选用 MP4 格式
资源共享	确保每个学生都能随时观看课件	课堂上的学习资源可作为学生课后指导的补充材料，教师将其发送到班级群，让学生在课后作业遇到困难时查看，弥补课上学习的不足

（二）管理和维护终端，保证技术设备资源的公平使用

技术设备如电脑、平板等的正常运行是开展混合式学习的前提。

- 定期维护和管理技术设备，确保系统稳定，保证教师端系统和学生端系统使用正常。
- 定期检查网络设备工作情况，确保网络畅通，保证设备都能正常访问网络资源。
- 每堂课使用设备做好记录，方便维护，提高管理和维护的效率。
- 对学生进行技术设备的使用、保养等方面的指导和培训，引导学生提升技术素养。

图 5　管理和维护终端的方法

（三）优化小组的组织与分配形式，保证技术资源共享

第一，要制订小组合作学习的学习规则，保证技术资源的公平使用。教师要根据技术设备数量和学生数量合理分配技术设备，当不能保证每名学生都有一台设备时，要指导小组制订设备使用规则。例如，当小组只有一台技术设备时，在需要使用设备查阅资料或看微课时，组长必须组织全组成员共同观看查阅资料或观看微课的过程，首先要了解学习必备的知识与技能，然后再根据小组成员的掌握情况，根据组员的需要，选择重看或开展小组质疑解答活动，解除组员心中的困惑。

第二，可以成立课外互助小组，保证学生公平使用技术资源。课外拓展探究活动和翻转课堂视频作业的完成需要网络环境的支持，但是个别学生家里没有计算机，有的留守儿童由老人看护，甚至连一部智能手机都没有。为了保证公平使用技术资源，教师要通过调查问卷或其他形式详细了解每一个学生的家庭住址、家庭技术设备和网络环境等情况，让没有技术设备的学生和家庭住址邻近又有条件的学生结为互助小组，课后一起完成作业，解决没有设备或者网络的问题。

（四）家校共育，携手同行

中共中央 国务院《关于深化教育教学改革全面提高义务教育质量的意见》指出：要统筹调控不同年级、不同学科作业数量和作业时间，促进学生完成好基础性作业，强化实践性作业，探索弹性作业和跨学科作业，不断提高作业设计质量。利用网络资源完成课外实践性作业、跨学科作业和翻转课堂视

频作业有利于培养学生的创新精神和实践能力。一方面，教师应注意使用电脑或手机等设备完成的作业量，要保证学生能够在较短的时间内完成作业；另一方面，教师要和家长做好沟通，监督好孩子使用技术设备的时间，真正发挥信息技术的作用，提升学生解决问题的能力，做好家校共育。只有家庭、学校和教师协调一致，才能形成教育的合力，使孩子在学校和家庭中都能得到良好的教育。

二、公平管理技术资源的实施原则

（一）学校给予教学支持，提供完备的技术资源

技术资源的硬件条件是至关重要的，目前许多学校忽视技术资源的组建，技术资源不足，可能一整个学校仅有几间可以使用的科技教室，导致只有部分学生的部分课程能够在科技教室内学习，这样的现象阻碍了技术资源的公平分配。因此学校及相关部门应该给予一定的教学资源支持，提供多样化的技术资源。

（二）注意教师态度的转换，关注技术使用中的公平

避免做样子工程的技术公平，将技术真正落实到教学中。许多教师手头有很充足的技术资源，但是他们的态度消极，没能充分利用技术资源，导致技术使用不公平。这样的情况对于学生来说是不公平的，只有教师态度发生改变，才能够将技术资源合理地、公正地运用到教学当中，实现公平管理技术资源。

（三）关注学生家长的态度与具体情况，改变部分家长对于技术资源使用的抵触心理

部分家长对于学校教育的态度刻板印象严重，认为学校应该只进行学业传授，不重视教师安排的利用技术平台的学习任务，对于在家设置技术资源学习有抵触心理。面对这种情况，改变家长的观念，让家长认识到每一位学生都应该获得同等公平的技术资源是关键。

样例展示

潘老师是小学一年级的语文老师，为了能够让刚刚入学的学生们通过最直观的方式理解老师上课展示的课件内容，她把从网上下载的PPT课件进行了二次修改，把课件中学生不认识的、解读性质的语言，变成了浅显易懂的话语，把课件中可能会影响学生注意力的图片进行了删减，把课件中的链接删除，变成了幻灯片的顺序播放……这样教师在上课的时候用起来更得心应手，同时为了防止学生在课堂上没有理解透彻，潘老师还把课件发到班级群里，供学生自学、复习使用。

【样例评析】

结合公平管理技术资源这个能力点，我们反观潘老师对课件的再加工，不难发现：潘老师在课堂教学过程中，充分关注了学生对于教学资源的公平使用性。潘老师关注不同年龄段、不同学习水平的学生的实际需求，将较难的课件直观化、形象化，使学生更易于接受。同时潘老师课后发布课件给学生的做法，更符合学生的个性化学习需求，使学生在巩固知识阶段有依据，不会出现学习上的偏差。因此，潘老师这样的做法是值得提倡的。

工具索引

教育的公平也包含着对各种资源的管理和使用的公平。教师在日常获取使用资源和指导学生使用教育资源完成任务时，也要注意公平性。

教师在向学生发送相应的教育资源时，要充分考虑到学生不同的学习环境和学习时间。教师可以采用在工作空间中发布相关学习资源的方式，这样学生在使用资源时就可以不受学习环境和学习时间的限制，随时在工作空间中查看教师发布的相关资源。学生可以课后利用班级的白板查看，也可以在微机课时上网查看，或者利用学校图书馆的公用电脑进行查看，也可以在家中利用家中的电脑和父母的手机或其他移动设备进行查看。教师工作空间中的资源可以长时间保存，这样有利于资源的有效利用，当学生想要回看时，可以随时找到教师工作空间的相关页面进行学习和浏览。

教师在向学生发送教育资源时，尽量选择资源的使用方式多样化，可以是电脑，也可以是手机，手机可以是安卓系统，也可以是苹果系统，这样能够满足绝大多数学生对教育资源的使用要求，尽量不用只能使用电脑或只能使用手机才能完成的任务或资源内容。教师在发送教育资源时，尽量避免需要烦琐的注册登录才能够使用的情况，尽量使用微信小程序这种不需下载安装，也不需要登录注册就能够使用的教育资源。像希沃知识胶囊、CCtalk 直播、荔枝课堂等都支持微信的小程序功能，学生不必下载安装相应的软件，就可观看教师所发送的教育资源。这种资源推送形式会极大地方便对于电脑或手机操作不是很熟悉的家长，家长就不会再因为出现操作烦琐而不会使用教育资源的情况。希沃的知识胶囊可以利用希沃白板原有的课件加上语音和习题进行录制，制作比较方便，并且可以永久存储在我们的希沃账号内，方便随时进行分享和利用。希沃知识胶囊还可以在微课中使用希沃白板中的活动和习题，教师可以查看学生观看胶囊的情况和习题完成情况，方便教师了解学生的学习情况。CCtalk 直播和荔枝课堂也可以很方便地进行师生间的沟通，并且方便学生多次进行回看。

我们还可以使用问卷星、腾讯文档等问卷工具，对学生家庭的网络及设备情况进行问卷调查，以便及时了解学生的学习环境和网络环境，在向学生推送教育资源或要求学生完成与信息技术相关的任务时，避免因为某些学生没有设备或设备不支持而出现完成不了的情况。我们在设计这个问卷时，也尽量做到简洁明了，比如询问家中网络情况，不要问家长网络是哪个供应商，带宽是多少，而可以直接问您家的网络支持观看视频直播吗，这样家长就可以很轻松地完成问卷，如果调查问卷的问题太专业，家长可能会因为不理解而回答错误，影响问卷统计的准确性。

表 6　技术资源的比较

技术资源名称	资源优势
课件	公平、实用、普及、简易、长效
希沃知识胶囊 CCtalk 直播 荔枝课堂	不需要下载 App、永久存储、可多次回看
问卷星 腾讯文档	及时、简洁明了、易懂、生成快

班级中有学生手持的信息技术设备时，教师要注意信息技术设备的保养和维护，保证每一名学生的设备都能够正常使用，不会出现一部分学生能够正常使用，而一部分学生不能使用的情况。同时教师在设计相关信息技术内容教学时，要有充分的准备，保留有替代方案，当设备出现问题或不能满足教学要求时，要有备用的方案满足教学的要求，使教学和学生的学习不受影响。

教师也可以建立相应的互助小组，在充分了解学生的网络和设备情况后，可以针对有些学生设备不能满足要求的情况，配置相关的互助小组，让这部分学生利用休息日或假期使用互动小组学生的设备，完成相应教育资源的接收和使用，使每名学生都能够接受到公平的教育资源，这样也能培训学生互帮互助的良好品行。

教师要做到教育资源的公平管理，还应该注意很多细节的内容，比如在制作 PPT 课件或其他类型的课件时，要使前排和后排的同学都能够看到课件中文字所表达的内容，必须使课件文字的内容达到一定大小，使后排的同学也能够正常地接受到白板中的教育信息。在希沃白板课堂活动的过程中，教师要求学生到黑板前，在白板上进行操作时，也尽量公平地给每一位学生上前来操作的机会，给更多的学生接触新技术的机会。

第五章
混合学习环境下的学业评价

开 篇 小 语

    混合学习环境下的教学并不是课堂教学与网络教学方式的简单结合，应在"适当的"时间，应用"适当的"信息技术与"适当的"学习风格相契合，对"适当的"学习者传递"适当的"能力，从而达到最佳的学习效果。线上与线下的融合应更聚焦于学生"集体学"向"个性学"转变。在教学过程中，教师需要关注不同类型学生的生长点，对学生类型进行动态的评估、跟进，并不断调整、匹配合适的线上和线下教学策略与学习任务。因而我们要重视学业评价，有效发挥在线教学和课堂教学互补的优势，开展分层分类的、多样化的、差异化的、主动参与的有效学业评价，并形成系统的学业评价数据的积累。教师主要掌握两个能力，即自评与互评活动的组织、档案袋评价。

第一节　自评与互评活动的组织

案例启思

　　作文教学是语文教学活动中不可或缺的内容，也是学生最为"头痛"的事。学生常常会感到枯燥乏味，无从下笔，写了上句不知如何接下句。所以，注重发挥学生在作文学习中的评价作用，把作文评价的任务交给学生，让其参与到作文评价中来，提高学生的写作水平，发挥学生的积极性尤为重要。

　　一节语文课前，某老师利用人人通发布了两篇习作，并指导学生在班级讨论区进行自我评价、学生互评和教师讲评。学生们利用平台先是自我评价，及时总结和改进写作过程中未发现的问题，总结经验，积累知识。在其进行了"自评"后，其他同学进行阅读、修改，指出不足之处。习作的作者在他人的帮助下找出了自己存在的问题，在同伴的帮助下解决了问题，同时其他学生也提高了阅读水平和评价能力，增强了自己的作文水平。最后教师在评价中充分肯定了学生的自评、互评，进行了合理、公平、公开、公正的点评，掌握了学生思想动态及学生在评价时产生的对立情绪，发现问题及时解决，培养了学生的民主思想。

问题剖析

　　自评与互评活动是一种常规的教学活动，是一种有益的学习体验，是学生学习过程中的重要环节，是对学习过程进行自我管理、对学习结果进行自我反思的过程，是同学之间相互借鉴、相互促进、彼此质疑和解答的学习过程。自评与互评活动可以帮助学生不断调整学习过程与学习策略，提高学习能力。自评与互评活动的价值在于指导学生的学习过程，纠正学生在学习过程中的问题。自评与互评活动还是引领学生明确自身成长方向，提升个人品质修养的途径。

如何理解自评、互评，有效组织自评、互评，是教师研究教学的一个重要领域。

一、对自评与互评的理解

混合学习环境重点强调学生主动学习、师生交互和小组合作，因此自评和互评的活动是非常重要的。自我评价是指学生对自己的学习过程和成果的质量做出判断。自我评价能够引导学生反思协作学习过程并提高个体的贡献度。同伴互评是学习者评价其他同伴作品质量的评价方法。自我评价和同伴互评通常结合使用，以评价小组成员的表现以及个人在协作学习中的贡献。在传统面对面的教学中，学习活动局限于教室，学习者的个性化需求很难得到满足，混合教学可以提供灵活的课程设计、多渠道的课程资源以及不同形式的学习活动，可以有效促进学生主动学习和自主学习，也能更好地实现自评与互评。在混合教学中，对课堂要呈现的知识，教师可以在课前提供音视频等资源让学生在线学习，学生利用课堂时间进行自评与互评，这改变了传统课堂时间只用来传递知识信息的局限，师生可以在课堂上对知识进行更为深入的探讨，使学生更为有效地掌握学习内容。

二、自评与互评的工具

支持开展自评与互评的工具可以是学习契约、量规、档案袋、概念图、评估表、观察记录表等，我们在使用过程中需要自然地将其嵌入学习过程中。例如，在某个单元教学结束时，学生用概念图的形式梳理单元知识点及其相互之间的关系，在此过程中，概念图就成为学生学习反思与评价的工具。

1. 量规

量规是一种评分工具，列出了对某项任务的一系列评价标准。它也是一个有效的教学工具，是连接教学与评价之间的一个重要桥梁。量规是一种结构化的定量评价标准，往往从与评价目标相关的多个方面详细规定评级指标。一方面，各个结构分量的设计与具体描述因评价对象及评价目的的不同而变化，因而在操作上有很大的弹性，既可以设计面向过程的，也可以设计面向结果的。另一方面，量规可以为不同的结构分量设计不同的权重，所以能够帮助学生明确学习重点，向预期的方向努力。

2. 概念图

概念图作为一种组织与表征知识的工具，可以形象化地表征出学习者在某一具体知识领域中对某一主题理解的概念体系及其组织形式，是一种良好的评价工具。

3. 评估表

评估表是以问题或评价条目组织的表单，适当的设计可以帮助学生通过回答预先设计好的问题来产生某些感悟，有效地启发学生反思，从而增强他们的自主学习能力。学习评估表可以为班主任提供所需要的各种信息。例如，个人学习时间安排统计，每个学生的总学习时间长短、总附加学习用时多少，可以通过评估表中的折线图反映出来。据此，教师可以做出相应的调整和指导：提醒总学习时间少的学生增加时长，提醒附加学习时间占比少的学生加强个性化的补短学习。

三、自评与互评的意义

自评与互评意味着评价责任由教师向学生转移。在自评中，学生更多的是自问与自我反思，如"目前的学习方式是否是最适合我的""我的优点与缺点各是什么""我能记忆和理解哪些内容""我的目标是什么""我哪些地方需要进一步提高""我该如何辨别我的表现是优还是劣""真正促使我深入思考的是什么""为了自我提高，我应该怎样做""我目前的水平与学习要求之间到底有多大差距"。而在互评中，学生则要将同伴的表现样本、教师提供的样本，或者已经总结出来的评价标准加以比较。一般来说，组织学生进行自我评价与互评需要经历 3 个阶段：基础阶段、促进阶段、实施阶段。自评与互评是有益的学习体验，是学会学习的重要内容，可以帮助学习者不断调整学习过程与学习策略，提高学习能力，也是落实过程性评价理念的重要载体。

解决策略

一、自评与互评实施原则

1. 自评与互评的原则

在教学中，以下一些评价原则将有助于自评与互评的进行，从而达到评价目的，进而实现整个教学目标。

（1）在教学进行前提出预期。在教学中，学生往往具有较大的自主权和控制权。为避免学生在学习过程中迷途，教师在教学进行前，预先通过提供范例、制订量规、签订契约等方式使学生对自己要达到的结果有一个明确的认识将是非常有效的。这样一来，学生们就会主动地使自己的工作与学习任务的预期要求看齐。

（2）评价要基于学生在实际任务中的表现。为了提高学生各方面的能力，教师要尽可能地从"真实的世界"中选择挑战和问题，并在评价时关注学生在实际任务中所表现出来的提问能力、寻求答案能力、理解能力、合作能力、创新能力、交流能力和评价能力。评价的重点要放在如何使学生的这些能力得到发展和提高上，而不仅仅是判断学生的能力如何。

（3）评价要随时并频繁进行。教师在给学生的学习提出预期之后，还要在整个学习过程中不断地提醒学生按照评价工具的要求来检查自己的努力是否有效，以便使学生主动地衡量自己的表现与教学目标之间的差距，进而及时改变学习策略或努力的方向。例如，教师要求学生们完成一个演示文稿的制作，那么，可以在学生设计初稿、初稿完成以及修改告一段落时分别组织互评，学生们可以借此机会互相借鉴，取长补短，这对于提高学生的作业质量十分有益。事实上，自评与互评是促进整个学习发展的主要工具。

（4）学习对评价进程和质量承担责任。要发展自我评价能力，学生需要有机会制定和使用评价的标准，在思考和反思中发展自身的技能。学生应该知道如何回答和解决诸如"需要解决的问题是什么""我们怎样才能知道自己已经取得了进步""我们如何才能得到提高""我们怎样才能达到优秀"之类的问题。因此，教师要尽可能地鼓励学生进行自评或互评，并使他们对评价的进程和质量承担责任。

（5）尽量减少评价者的评价压力。面向过程的评价更关注学习的过程而非结果，自评如此，互评也是如此。因此，教师不要试图以自评或互评的结果决定学生的学业成绩，因为这在相当大的程度上会增加评价者的压力，从而降低了评价的客观性，也就使评价失去了意义。

2. 自评与互评的注意事项

在自评与互评活动组织中，建立评价标准与评价规范是非常重要的一项工作。评价标准可以是评价要点，也可以以评价量规的形式出现。评价规范需要明确学生的评价步骤、评价方法与评价过程中的注意事项。

在实施自评与互评活动时，教师若让学生参与评价标准与评价规范的制定过程，将有助于学生充分理解相关要求。在评价活动结束之时，教师需要组织学生一起对整个过程进行回顾与总结，同时让学生充分表达自己的观点，这个过程有助于学生加深自我了解，发展批判性思维，帮助他们成为积极主动的自我成长者。

二、自评与互评活动的一般流程

第一，自评与互评活动的组织要根据学生发展的需要确立评价目标；第二，根据评价的目标确定评价的内容；第三，根据评价目标和评价内容制定评价标准和评价规范；第四，根据评价标准确定评价工具；第五，指导学生运用评价标准和评价工具开展自评与互评活动；第六，总结评价过程，揭示评价过程的意义。

三、组织自评与互评活动的方法策略

(一) 确定评价目标

人的每一次进步都会来源于一种需要,有一种力量在指引,这种力量可能来自一个榜样、一个目标、一种价值观……这种力量越清晰,学生的努力就越有方向。在发展中,学生通过不断的自评和互评活动来检查自身的思想和行为认知,加深对事物的理解,再不断调整努力的方向,实现自身能力的发展。因此,凡是学生有发展需要的地方,教师都可以通过组织自评和互评活动,来帮助学生实现能力的发展。例如,在学生学习的过程中,教师可以设计自评与互评活动,评价的目标是促进学习目标的达成,促进学生知识和能力的建构。再如,在学生的管理过程中,教师也可以设计自评和互评活动,评价的目标是促进学生的发展核心素养的提升,促进学生的必备品格和关键能力的形成。

(二) 确立评价内容

当自评与互评活动的评价目标是促进学生的知识和能力的意义建构时,其评价的内容要围绕学生应掌握的知识和能力目标来确定,其评价内容又变成检验学生目标达成的依据。例如,在探究性学习过程中,教师可以对探究思维、合作学习、探究结果、技术运用和过程调控等方面进行评价,对探究过程的探究性实践的评价,对小组合作学习的社会实践性的评价,对实践结果的审美性评价,对技术运用的技术性评价,对学习过程的调控性实践评价。

当自评与互评活动的评价目标是促进学生的必备品格和关键能力的形成时,其评价的内容要围绕学生的发展核心素养目标来确定,其评价的内容可以参考《中国学生发展核心素养》的三大基础六大方面的十八个核心素养基本要点,根据学生的年龄特点和发展要求合理确定评价内容,对学生进行评价。

(三) 制定评价标准与评价规范

在自评与互评活动的组织中,制定评价标准与评价规范是非常重要的一

项工作。评价标准既可以是评价要点，也可以以评价量规的形式出现，围绕学生的学习目标达成和学生的成长进步，制定切实可行的评价标准，评价标准要可量化、可操作、可实现。学生成长管理方面的评价内容非常广泛，不好把握，因此教师在制定评价标准时，可以让学生参与其中，确定评价的项目和项目权重，这样学生能充分理解相关要求，能自觉遵守和监督他人。评价规范需要明确学生的评价步骤、评价方法与评价过程中的注意事项，指导学生进行科学评价，养成自评与互评的学习习惯。

（四）寻找评价工具

评价工具是教师用来搜集学生学习信息的工具。教师确定了评价目标和评价方法后，就需要确定用什么工具采集信息来满足评价需求。支持开展自评与互评的工具可以是学习契约、量规、档案袋、概念图、评估表、观察记录表等，我们在使用的过程中需要自然地将其嵌入学习或管理过程中。

量规是对学生的作品、成长记录、学习成果或者学习过程中的表现进行评价的一套标准。量规能为学习者进行自我评价提供评价依据，指导学习者在学习过程中依据量规进行主动参与、自我学习、自我评价和自我反省，也是师生间自评和互评有效交流的媒介。量规的设计步骤包括以下四步：（1）分解学习目标，初步确定量规框架；（2）依据学习内容的种类和学习目标所属目标层次，确定具体的描述指标和等级；（3）确定不同等级表现水平的具体描述语句；（4）修订量规。量规的设计原则应遵循以下方面：（1）包含影响评价绩效的所有重要元素；（2）根据教学目标需求、学生认知水平和学习环境特点进行合理设置；（3）权重设定应当根据教学目标的侧重点或重要性而有所区别；（4）描述性的评价等级、描述性的语言是具体的和可操作的；（5）量规中的每个元素都是不可再分的。我们在使用量规时，需事先公布量规，提供优秀范例，强调量规要求，指导学生在学习过程中运用量规进行反思，促进目标达成。

学习契约也称为学习合同，是学习者与指导教师共同设计的书面协议或者保证书，学习契约的设计步骤包括以下几步：（1）明确所要求的学习结果，然后与每个预期的学习结果相比，确定学习需求；（2）确定希望学生最终完成什么，以便通过协商完成一个学习契约，并提出预期的学习结果；（3）确定学生要完成学习任务需要什么样的知识和技能，要列出研究资源，并将学习方法具体化；（4）详细说明为了达到学习结果，新知识和技能将怎样展示；（5）为契约的完成制订出一个计划；（6）教师与学生共同规划，如期评估学习进展。学习契约的设计类型包括自学式学习契约、同伴辅助式学习契约、提纲式学习契约、表格式学习契约。

档案袋是按一定目的收集的反映学生学习过程以及最终产品的一整套材料。这些材料借助信息技术得以有效地组织与管理。使用档案袋评价工具时，教师要指导学生选择那些能够反映课程目标的项目放置在档案袋中，当学生和教师一起回顾电子档案时，他们既可以讨论已完成的成果，又可以讨论将要进行的下一个步骤。档案袋的评价主体可以是教师、同学、父母和社区专家。

概念图、评估表、观察记录表的应用比较广泛，例如，在某个单元教学结束时，学生用概念图的形式梳理单元知识点及相互之间的关系，在此过程中，概念图就成为学生学习反思与评价的工具。

（五）开展评价活动

当对学生的学习过程进行评价时，自评与互评活动的组织需要自然地嵌入学习过程中，事先公布评价标准，指导评价工具的使用方法，用评价工具实施自评，指导学生的学习过程。在教师指导学生开展自评与互评的过程中，学生关注彼此的学习结果，在彼此相互质疑和解答的过程中达成一致，实现对知识的意义建构。当对学生的成长管理进行评价时，教师和学生需要事先共同制定评价细则和评价标准，师生共同参与管理，对学生的各项表现进行持续性的跟踪记录，对学生的各项成果进行持续性的积累，对学生的管理结果进行阶段性的评价，对学生的学习成果进行评价，可以是周评价、月评价、学期评价或年终评价。

（六）总结评价过程

在评价活动结束时，教师需要组织学生一起对整个过程进行回顾与总结，同时让学生有机会充分表达自己的观点，这个过程有助于学生加深自我了解，发展批判性思维，帮助他们成为积极主动的自我成长者。

总之，让学生积极参与学习评价的过程，一方面是检测被评价者学习效果的过程，另一方面其实也是检测评价者学习效果的过程，因此，教师在教学过程中引导学生参与评价不仅能有效地调动学生的积极性，也能使学生主动地参与学习过程，更能让全体学生在这个动态评价系统中朝着良性的方向科学地发展。因此，教师应注重在教学过程中引导学生科学、合理、客观地进行评价，培养学生的自评与互评能力，促进学生的发展。

样例展示

北师大版数学五年级上册"鸡兔同笼"

作者：长春市汽车经济技术开发区第十二小学　毛鸿娟

1. 通过微信群和每日交作业同步出示前置性学习任务。

本次学习任务我们进行了如下安排：

第一，收看鸡兔同笼视频微课。

第二，通过阅读三篇文章了解鸡兔同笼的历史和更多计算鸡兔同笼题的方法，也可以自己搜集资料学习。

第三，制作鸡兔同笼解法思维导图或手抄报。参考题目：鸡兔同笼共10头，28足。鸡兔各几只？

第四，根据思维导图或手抄报录制讲解视频，说清楚你想到了几种方法，各是怎样计算的？

第五，将思维导图或手抄报、视频作业上传至每日交作业。

第六，本次作业时间：一周并评选最佳小讲师。

图 1　布置前置性学习任务

2. 学生借助前置性学习要求进行自主学习，并将思维导图和视频讲解成果上传。

在此环节，教师要及时对学生的作业上传情况进行指导和反馈，保证学生按时按要求完成前置性学习任务。

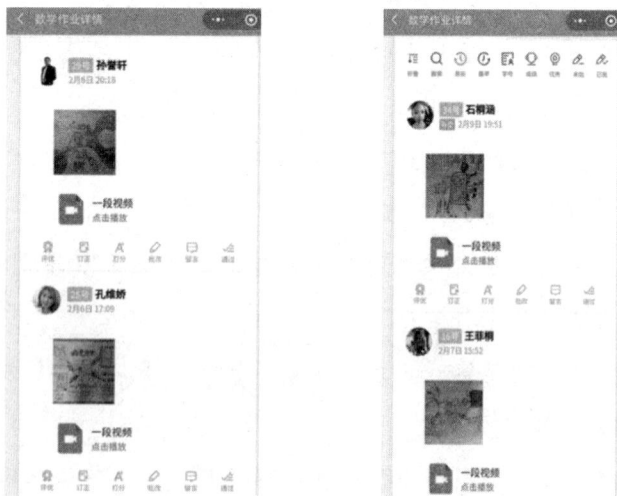

图 2　学生上传学习成果

3. 全班同学，特别是小组同学根据量规，以微信群为载体，通过查阅同学作业初步进行组内反馈、推选。结合"鸡兔同笼"思维导图作业、视频讲解作业完成的情况，教师设计了如下量规。

表1　北师大版小学数学五年级上册"鸡兔同笼"前置性学习与反馈　自评与互评量表

评价者小组：_____　姓名：_____

项目	内容	学生A（　）	学生B（　）	学生C（　）	学生D（　）	学生E（　）	学生F（　）
思维导图作业	知识内容正确	☆☆☆☆☆	☆☆☆☆☆	☆☆☆☆☆	☆☆☆☆☆	☆☆☆☆☆	☆☆☆☆☆
	整体布局合理	☆☆☆☆☆	☆☆☆☆☆	☆☆☆☆☆	☆☆☆☆☆	☆☆☆☆☆	☆☆☆☆☆
	对我有借鉴帮助	☆☆☆☆☆	☆☆☆☆☆	☆☆☆☆☆	☆☆☆☆☆	☆☆☆☆☆	☆☆☆☆☆
视频讲解作业	我们能按时上传视频作业	☆☆☆☆☆	☆☆☆☆☆	☆☆☆☆☆	☆☆☆☆☆	☆☆☆☆☆	☆☆☆☆☆
	我们讲解的内容正确无误	☆☆☆☆☆	☆☆☆☆☆	☆☆☆☆☆	☆☆☆☆☆	☆☆☆☆☆	☆☆☆☆☆
	我们讲解的内容新颖有趣	☆☆☆☆☆	☆☆☆☆☆	☆☆☆☆☆	☆☆☆☆☆	☆☆☆☆☆	☆☆☆☆☆
	我们讲解的内容解法创新	☆☆☆☆☆	☆☆☆☆☆	☆☆☆☆☆	☆☆☆☆☆	☆☆☆☆☆	☆☆☆☆☆
小组讨论	我们小组能按照学习反馈约定主动参与小组活动发布自己真实想法	☆☆☆☆☆	☆☆☆☆☆	☆☆☆☆☆	☆☆☆☆☆	☆☆☆☆☆	☆☆☆☆☆
	我们小组能按照小组学习反馈约定提出疑问并想办法解决						
小组测试	作业盒子反馈测试成绩（分值及修改）						
教师评价	每日交作业反馈						
	总体小组评价：						

其一，教师引导学生完成思维导图作业：从"知识内容正确、整体布局合理、对我有借鉴帮助"三个维度进行星级评价。

其二，教师引导学生完成视频讲解作业：从"我们能按时上传视频作业、我们讲解的内容正确无误 、我们讲解的内容新颖有趣、我们讲解的内容解法创新"四个维度进行星级评价。

其三，教师引导学生通过小组讨论和学习情况进行评价，主要包括：我们小组能按照学习反馈约定主动参与小组活动发布自己真实想法和我们小组能按照小组学习反馈约定提出疑问并想办法解决。这里特殊强调云小组学习的"约定"。

其四，教师对学生每日交作业进行等级评价。组长负责统计小组成员"作业盒子"的成绩和教师对学生每日交作业的评价。

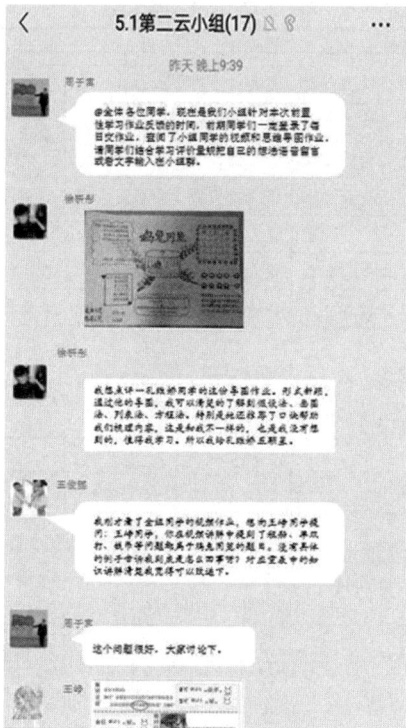

图 3　第二云小组的交流与评价

例如，第二云小组在组长的指导下进行了小组的交流与评价。在小组群中，徐妍彤同学针对组员孔维娇同学的思维导图作业进行了评价，她认为孔维娇同学的思维导图作业新颖，通过这份思维导图作业可以清楚地了解到假设法、画图法、列表法、方程法。特别是她也找到了自己值得学习的地方：用口诀帮助我们梳理鸡兔同笼的规律内容。所以徐妍彤同学给予了孔维娇同学五颗星评价。

当然，在小组讨论过程中，更允许和鼓励出现争议和探索。比如，该小组同学针对鸡兔同笼的变式问题进行了进一步探究。在此环节，教师在"幕后"对小组长进行指导，并对小组的一些优秀做法进行班级大群的展示和分享。

4. 利用作业盒子软件测试实时反馈。

图 4　利用作业盒子软件测试实时反馈

针对本知识内容，教师在作业盒子中同步推出两道习题：

第一题，有鸡、兔共 36 只，它们共有脚 100 只，鸡有（　　　）只，兔有（　　　）只。

第二题，笼子里有若干只鸡和兔，共有 9 个头，28 只脚。鸡有（　　　）只，兔有（　　　）只。

教师通过这两道基本习题加强学生的前置性学习反馈。平台自动生成成绩，学生和教师可以同步查阅学生答题和改正情况，教师可以据此具体指导和改进学生的学习情况。在这一环节中，教师的组织体现在根据学生的反馈情况进行必要的针对性指导，特别是出现问题较多的地方要通过微课进一步推送或组员之间、师生之间的在线交流。

5. 课堂项目小组评价活动反馈及教师整体点评。在小组线上学习、讨论、自评与互评的基础上，在教师的组织下，师生结合评价量表进行了课堂的交流与反馈。以第一小组为例，他们结合具体的案例和学情进行了量表使用的如下汇报：

表2 北师大版小学数学五年级上册"鸡兔同笼"前置性学习与反馈 自评与互评量表

评价者小组：＿＿＿＿＿＿ 姓名：＿＿＿＿＿＿

项目	内容	学生A（唐鹤源）	学生B（石酮涵）	学生C（潘一恒）	学生D（周钰鑫）	学生E（张欣茹）	学生F（梁子涵）
思维导图作业	知识内容正确	☆☆☆☆☆	☆☆☆☆☆	☆☆☆☆☆	☆☆☆☆☆	☆☆☆☆☆	☆☆☆☆☆
	整体布局合理	☆☆☆☆☆	☆☆☆☆☆	☆☆☆☆☆	☆☆☆☆☆	☆☆☆☆☆	☆☆☆☆☆
	对我有借鉴帮助	☆☆☆☆☆	☆☆☆☆☆	☆☆☆☆☆	☆☆☆☆☆	☆☆☆☆☆	☆☆☆☆☆
视频讲解作业	我们能按时上传视频作业	☆☆☆☆☆	☆☆☆☆☆	☆☆☆☆☆	☆☆☆☆☆	☆☆☆☆☆	☆☆☆☆☆
	我们讲解的内容正确无误	☆☆☆☆☆	☆☆☆☆☆	☆☆☆☆☆	☆☆☆☆☆	☆☆☆☆☆	☆☆☆☆☆
	我们讲解的内容新颖有趣	☆☆☆☆☆	☆☆☆☆☆	☆☆☆☆☆	☆☆☆☆☆	☆☆☆☆☆	☆☆☆☆☆
	我们讲解的内容解法创新	☆☆☆☆☆	☆☆☆☆☆	☆☆☆☆☆	☆☆☆☆☆	☆☆☆☆☆	☆☆☆☆☆
小组讨论	我们小组能按照学习反馈约定主动参与小组活动发布自己真实想法	☆☆☆☆☆	☆☆☆☆☆	☆☆☆☆☆	☆☆☆☆☆	☆☆☆☆☆	☆☆☆☆☆
	我们小组能按照小组学习反馈约定提出疑问并想办法解决	☆☆☆☆☆	☆☆☆☆☆	☆☆☆☆☆	☆☆☆☆☆	☆☆☆☆☆	☆☆☆☆☆
小组测试	作业盒子反馈测试成绩（分值及修改）	100过关	100过关	50加油	100过关	100过关	100过关
	每日交作业反馈	优秀作业	优秀作业	合格	合格	优秀作业	良好
教师评价	总体小组评价：						

该小组组长通过实物展台呈现了量表的结果反馈，包括思维导图作业、视频讲解作业、自评和互评结果的汇总，并呈现了一份由平台自动生成的测评结果：作业盒子达标习题（基本）的统计，从成绩看，73％的学生顺利过关；还有一份教师对学生每日交作业情况的等级评价，其中50％的学生优秀。

学生重点结合云小组讨论情况和学生的作品进行关键性的介绍和点评。

例如，学生播放了两位同学的视频作业，并通过对比，验证了鸡兔同笼问题的多种方法的适用度。例如，逐一列举、跳跃列举、居中列举。此时，教师相机引导学生通过汇报找寻不同方法之间的联系。同时在对比的过程中，学生获得了"如何更好地进行鸡兔同笼学习内容"讲解的体验，获得了自我反思和自我成长的机会。

6. 问卷星优秀小组和优秀作业投票评价，评选出最佳小组和最佳讲师。借助问卷星呈现小组评选出的五星作业成果进行全班投票，评选出班级最佳讲师。

【样例评析】

评价的根本目的是更好地促进学生的成长，促进小组合作学习的效率，增加小组的凝聚力，调动学生的积极性，使每个学生具有自信心和持续发展的能力。

通过本次前置性学习自评和互评，作为教师有如下思考：

1. 借助每日交作业、微信程序、作业盒子推送作业，问卷星投票评价等实现了学习方式的初步变革。而这些简易的技术小工具也有助于学生观察与思考学习过程和学习结果，推动学生深化对学习目标和学习内容的理解。

2. 学生在学习的过程中进行每日交作业反馈以及微信云小组的交流，一方面，利用公众平台实现了师生、生生之间的互鉴，另一方面，极大地加强了相互学习与交流的范围和深度，提升了学生参与的积极性。

3. 作业盒子测试和每日交作业反馈在一定程度上对学生的学习成绩方面进行了量化评价。

4. 自评与互评量规的运用体现在两个方面：一是小组讨论评价阶段，由组长负责，在小组学习"约定"的基础上进行组内分享；二是课堂内，在老师的整体组织下，各个小组进行类似"微项目式"学习汇报形式的分享。无论是技术工具还是量规工具、导图工具，这些工具的应用能够帮助学生经历合理的评价过程，学生能掌握科学有效的评价方法。

无论是小工具实时反馈，还是微信群小组讨论，或者是课堂的生成，我们都力求在教师的组织下实现：持续跟踪和记录自评和互评的活动过程；为学生创造自我反思与自我认知的机会，提升学生的评价能力；鼓励学生在活动中学会欣赏和学习他人的长处。

例如，在自评与互评过程中，一方面，引导学生进一步感知："鸡兔同笼"是1500年前出现在我国经典名著《孙子算经》中的数学名题，将其编入小学数学教材的目的，不是就题解题，也不是解决生活中的实际问题，其真正的意图在于通过这个问题帮助学生亲身经历并建立数学模型，在建模的过程中学会思维和推理，借助模型结构分析的方法提炼数学教育的精髓，渗透数学思想和掌握解题策略。另一方面，以课堂为例，在以学生为中心的小组合作学习和反馈、评价过程中，师生不仅对学业成果进行评价，还要对自主合作探究过程中协作的效度、参与的广度、交流的深度进行评价，还要对个体展示过程中的音量、语音、语调、风度、气度等诸多非智力领域的表现进行评价。受到多维的评判就是多维的价值引领，就是引领学生多元综合地发展；受到多维的肯定式评价，则是激励学生继续保持并提升良好表现的源源动力。

工具索引

自我评价是学生认识自我的一个重要方面。通过自评，学生可以更好地了解自己的优缺点及优势，从而更好地发展自己。互评可以让学生更好地了解自己在其他人眼中的样子及自己在班集体中的位置。一款好的信息技术评价工具可以帮助学生更好地完成自评与互评，提高评价的准确性与效率。

在日常的课堂教学中，教师可以借助班级优化大师辅助学生自评和互评的完成。在每一节课下课后，教师可让学生自己评价本节课的表现或是由同组学生评价、本小组成员评价其他成员的表现情况，也可以各小组之间进行互评，然后将自评及互评的结果记录在班级优化大师的课堂表现中。使用班级优化大师记录自评及互评结果的优势在于可以长时间积累学生在课堂中的表现，避免了教师在总结性评价时对学生评价的随意性，使评价更加公正准确。教师可在班级优化大师中设置一些对学生日常表现的评价内容，供学生选择性使用，如课堂表现积极、积极举手回答问题、习题完成良好、积极参与小组互动等，并说明每一个评价需要达到什么样的条件才可以使用，这样类似于评价量规的评价方式，加上长时间的积累，将是对学生一个很好的激励，并且能够培养学生养成自主管理和互相监督的良好习惯。教师使用班级优化大师这类专用的学生成长记录、评价工具可以很方便地完成对学生的评价工作，这样就不会因为操作烦琐而放弃或遗忘日常的学生评价工作。

对于学生的自评，可以采用成长档案袋的方式进行，学生通过完成成长档案袋的相关内容就完成了对自我的评价。成长档案袋的形式可以采用 Word 或笔记类文档的记录，也可以采用 PPT 类展示类文档的记录，笔者建议采用学习空间中相关内容的汇总作为成长档案，这种形式最为方便。教育资源平台中的学习空间是记录学生成长过程最好的载体，学生可以在空间中记录每一天的成长状况、作业完成情况、课堂表现情况及班级内各项活动中个人的表现。学生通过完善自己的学习空间，可以积累日常的学习生活相关数据，可以是文字，也可以是图片、视频。这样经过长时间的积累，学生的成长记录档案就可以很完整地呈现在其他人面前，并且对于这些内容，班级内其他成员和教师及家长也可以进行点评和点赞等操作，可以更好地鼓励学生完成档案的记录。

对于自评和互评的完成方法，还可以采用问卷星问卷调查的形式进行。问卷星除了可以完成专业的问卷调查外，也可以进行学生的自评和互评。教师可将学生的自评或互评量表设计成相应的问卷分发给学生，由学生完成对自己和他人的评价。这种评价可以很方便地由教师完成数据的统计，并通过问卷星的统计功能完成数据的可视化，数据的可视化可以使学生更好地了解自己的状态、自己在其他同学眼中的状态。在利用问卷星设计自评和互评问卷时，教师要注意将评价标准描述清楚，便于学生准确地选择对自己和他人的评价选项。

进行评价时，我们也可以采用电子奖状的形式，对学生的表现进行评价，电子奖状的制作方式有很多，我们既可以采取线上网页制作的形式，也可以采用作图软件制作的形式，这两种方式的制作方法都比较简单，我们可以在网站上找一些电子奖状的模板，在模板上修改姓名和表彰内容，即可完成一个奖状的制作。我们也可以采取使用微信小程序的方式制作电子奖状，在微信小程序中有电子奖状这样的小程序，类似的还有量子奖状、奖状制作器、发奖状啦等，这些小程序的功能类似，使用方法都很简单，我们可以使用小程序制作电子奖状，在小程序中只需要输入姓名、表彰内容、表彰的单位及时间即可完成电子奖状的制作，同时小程序中也有多种电子奖状的模板供我们选择，可以是单项的奖励，也可以是多人的奖励。制作的过程也很简单，制作好后，直接分享给获奖人即可。

第二节　档案袋评价

案例启思

学期末考试结束后，某老师对班级内学生的成绩进行分析时发现，一名平时学习非常优秀的学生 A，因为一道题计算过程出现了错误，整道题的 8 分都被扣除了，所以这次期末考试没有考好。而一名平时学习懒惰、经常不完成作业的学生 B，却因为认真对待这次期末考试，取得了很高的成绩。学生 B 最后的分数比学生 A 高了 1 分，教师在期末"三好学生"评选活动中，应该评选哪个学生呢？

问题剖析

在国家教育评价改革的大背景下，对学生的评价不能单单以纸笔考试为主，不能过多地注重学习结果的量化，而忽略被评价者在各个时期的进步状况和努力程度，评价应发挥促进学生发展的功能。档案袋评价被越来越多的教师采用。

一、对档案袋评价的理解

混合学习环境下，在学习的过程中，采用不同的学习组织方式来解决问题，完成学习任务，具体表现为，以不同信息技术与媒体传播的方式和传递方式达到教育的最好效果。同样，混合学习环境下要求有机融合全部的学习要素，使信息技术支持下的学习与传统学习深度结合，利用网络学习环境下丰富的学习资源与传统课堂中的教师指导相互结合、相互补充，从而达到学习的最优效果。在混合环境下实施档案袋评价也能更好地评价学生的学习效果。

档案袋评价是指通过对档案袋的制作过程和最终结果的分析而进行的对学生发展状况的评价。档案袋又称成长记录袋，是指用于显示有关学生学习成就或持续进步信息的一连串表现、作品、评价结果以及其他相关记录和资料的汇集。

二、学生档案袋的特点及作用

1. 学习成果物质化，能够反映学生学习与发展过程中的真实信息，让每个学生都看到自己的进步和努力，体验到成功的快乐，有利于培养学生进一步学习的情感与态度。

2. 反映学习过程化，积累学习策略，能培养学生养成良好的学习习惯，还有助于教师发现学生的个体差异，因材施教。

3. 评价内容多元化，教师能更全面地关注每一个学生的成长。

4. 评价方式多主体性，提高学生的主体意识，特别是学生的自我评价与自我反思，这将充分发挥学生的主体性，尤其是学习的内在动机。

三、档案袋评价的意义

档案袋评价是指根据某一目的，以档案袋为依据而对评价对象进行客观

混合学习环境能力点深度解析

的、综合的评价，也称为成长记录袋评价。与传统的评价方法相比，档案袋评价具有传统评价方法无法比拟的优势。

档案袋评价的理论基础是现代的。从现代心理学的角度来说，美国哈佛大学的加德纳提出了多元智能理论，他认为，每个人的智能是由多种因素组成的，而不同的人组成因素不一样，这些众多的因素除了传统的智能因素以外，还包括动作技能因素、音乐因素、美术技能因素、反省因素等，而现代认知心理学的发展注重对思维过程的探究。这些理论都要求评价不能只注重结果而忽略过程，只注重评价传统的智能因素而忽视其他方面的能力。

档案袋评价是现代教育评价的必然要求。档案袋评价符合现代教育评价的基本理念，主要包括以下几方面。

1. 评价内容的丰富性

传统的评价内容是单一的，主要是知识和技能方面的因素。档案袋评价则不仅包括知识、技能方面的内容，还包括非智力方面的因素以及学生的学习过程、学习方法等多方面的内容。凡是能体现学生学习成果和学习过程以及个性发展等方面的内容都可以放进档案袋之中。

2. 评价主体的多元性

传统的评价主体是单一的，主要是教师对学生的评价。档案袋评价的主体则不仅包括教师，还包括学生自己、学生家长、管理者以及同学，甚至社会人士也可以作为评价的主体，更重要的是所有的评价主体不是相互孤立的，而是相互作用的一个评价整体。学生在评价的过程之中实际上也受到教育，提高了自己的反思能力以及人际交往水平。

3. 评价过程的开放性

传统的评价过程是封闭的，而档案袋评价的过程则是一个开放的过程。在这个过程中，要充分体现评价的公正、公平和公开的原则，使评价结果保持高的信度和效度。

220

4.评价结果的形成性

传统的评价结果往往是终结性的，往往只提供评价的结果。档案袋评价则非常注重过程的评价，它是一种动态的、发展的评价，对学生在每一个学习的过程中的表现及进步进行全面的评价。

总之，档案袋评价是与传统的评价完全不同的一种新的评价方式，它有多方面的先进的理论基础，是现代教育评价的必然要求，符合时代特征，也顺应了历史发展的潮流。

解决策略

档案袋是按一定目的收集的反映学生学习过程以及最终产品的一整套材料。无论是纸质档案袋，还是电子档案袋都旨在记录学生学习过程中的成长、进步、努力或成就等。

一、档案袋评价的实施原则

档案袋的内容选择与评判标准的确定都有学生参与，同时包含了学生自我反思的证据。由此可见，档案袋评价具有四大原则。

（一）目的性

档案袋中的材料收集和选择是有目的、有针对性的。教师要根据教育教学与人才培养目标，指导学生有目的地收集和选择与自己成长、发展相关的材料、信息，展现自己在一个或数个领域内的努力、进步和成就。

（二）丰富性

档案袋既要收集反映学生某方面的成就与进步的材料，也要记录学生存在的问题，还要收集学生自我反思的证据。档案袋既要记录学生本人的信息，也要记录与学生有密切联系的家长、教师、同学、社区人士等的信息。

（三）自主性

档案袋评价的主体为学生本人、教师、同学、家长以及社区人士，但学生既是选定档案袋内容的主要决策者，也是对档案袋内容进行分析、诊断、评价的主要人员。

（四）发展性

档案袋评价的主要目的是要通过大量材料的收集和学生本人对材料的反省，客观而形象地反映学生某方面的进步、成就及问题，以增强学生的自信心，提高学生自我评价、自我反省的能力。

档案袋评价在重视教师及他人对学生学习状况进行评价的同时，更重视学生个体的自我评价。例如，对于化学探究学习，学生自我评价采用建立化学学习档案袋的方式，学生在学习档案中收录有关自己在化学探究学习方面的重要资料，包括学习中发现的问题、探究活动的设计方案与过程记录、收集的有关学习信息与资料、解决问题的方案和构思稿、学习方法与策略、自我评价以及他人评价的结果等。档案袋中的具体材料不宜做硬性统一的规定，而应当彰显学生的个性，凡是能够反映出学生在一定的时期关于化学探究学习所做出的全部努力、进步、学业成就的材料都可以收录其中。

二、学生档案袋的类型及内容设计

根据档案袋的特点和作用可以将档案袋分为五种类型。

（一）过程型

过程型档案袋可应用于各个学科，能体现学生在某一学科的某一部分内容的学习历程及学习成果。例如，语文学科的作文实践，地理和生物学科的科普知识板报制作，历史、政治学科的辩论赛，美术学科的美术作品创作等内容。过程型档案袋的内容可以作为学生成长档案袋的内容之一。一份过程型档案袋至少应包含形成观念的初步成果、学生自评和互评后的修改成果及最后的成果。学生一般要经历以下学习过程：根据标准初步设计——教师选取典型事例分析并进一步明晰标准——学生根据理解修改设计——学生自评、互评和教师评价——修改设计生成最终成果。因此，过程型档案袋评价重点有两部分：一是起点和终点的学习情况；二是学生对学习的反思和改进的情况。为了有效支持学生的学习、修改、完善的学习过程，实施有效的评价，教师需要根据学习目标制定评价标准和自评、互评的评价表单，指导学生的学习过程，支持学生自评和互评的过程，为学生提供自我反思和自我评价的机会，激发学生的主动性，逐渐培养学生自评、自改和反思的习惯及能力。

（二）成果型

成果型档案袋的内容是展示学生在一个或多个领域内最优秀的作品，如最美的一幅画、最满意的一篇作文、最靓的一份手抄报等。成果型档案袋展示学生在某领域内达成任务的熟练程度，通常先由教师确定学习任务，再由学生自行决定与选择满意的作品。此种档案袋主要用于学校开放性活动，展示学生的学习成就，促进相互交流进步。成果型档案袋也可以作为学生成长档案袋的内容之一。

（三）综合型

综合型档案袋包含两类以上的档案袋类型，它强调教师是为了某些教学目标或评价目标，有目的地收集和保存学生在某个领域的作品或表现。例如，美术李老师为了研究"学生的学习能力与学习结果的关系"这一课题进行了一次综合型档案袋收集活动：李老师先针对写生技法的某一个知识点进行了一次过程型档案袋的收集活动，目的在于分析学生们的学习能力水平；待整个写生技法部分内容学完后，李老师又设计了一次综合创作活动，收集学生最满意的一件写生作品，收集该部分作品的目的在于掌握学生的学习表现。该综合型档案袋中既包括过程型档案袋的内容，又包括成果型档案袋的内容，其目的在于服务于教师的学术研究，分析学生的学习能力水平与学生的最终表现之间的关系，为改进教学、优化学习提供真实的研究资料。

（四）评价型

评价型档案袋主要展示学生的探究类学习成果，例如，STEM 学习类探究成果以及科技小发明、物理实验、化学实验等成果。评价型档案袋的内容设计要符合学生的兴趣和需要，使得学生能充分发挥创造性，进行探究性学习实践。教师引导学生用科学的思维去有系统地检视、反省作品，培养学生的计算思维、严谨的科学态度和创新实践能力。该类档案袋中应当包括科技成果、成果设计说明及成果改进报告等内容。

（五）成长型

成长型档案袋也称学生成长档案袋，记录学生在成长中的点点滴滴的瞬间，见证学生真真切切的生活。学生成长档案袋不仅涵盖了以上四种类型，还包括更多能反映学生成长进步的信息，如最满意的测试卷、演讲稿、读后感，各种竞赛成果，体育、艺术节等参与情况，学生在校综合表现数据等信息。学生成长档案袋中存放的是最能体现学生的成长、进步与努力情况的信息，所以教师要与学生一起讨论来确定档案袋的内容，指导学生注意留存好每一年的纸质材料。在档案袋评价时，教师要指导学生或家长将纸质材料分门别类拍照上传到指定的展示平台或者将其制作成 Word 文档或 PPT 文档等再上传至展示平台，方便同学、家长、领域专家进行评价，更要方便教师下载整理，为学生留存电子档案。电子档案要妥善保存，最好采用本地存储和云端备份存储相结合的方式。

三、档案袋评价的一般步骤

无论是纸质档案袋，还是电子档案袋都旨在记录学生学习过程中的成长、进步、努力或成就等，需要仔细规划，一般步骤为：

1. 明确评价目标。档案袋评价的目标是什么？为什么要采用档案袋评价的方法？

2. 确定档案袋中所包含的内容。依据评价目标，明确要放入档案袋中的内容及具体要求。例如，档案袋中的作品是否要注明完成及放入的时间？主要应用什么软件来实施评价？学生是否有相应设备来制作和使用电子档案袋？

他们是否已经具备了相应技能？

3．制定档案袋的评价标准。说明档案袋中的每一份材料如何评价，可以以评价量规的形式进行呈现。教师制定评价标准时应与学生进行讨论，并以书面形式记录讨论结果。

4．向学校领导和家长解释评价标准、实施办法等。

5．收集资料实施评价。

样例展示

伴随着信息技术发展成长起来的学生，已经习惯借助现代媒体和网络来创造、思考、交流。这要求我们不能再拘泥于传统的评价方式去引导学生，而是要不断探索，创新教学方法和评价手段，用更加符合时代潮流的理念和技术去唤醒、激励和鼓舞学生。

在纷繁的评价软件中，一位老师对"班级优化大师"这个软件产生了浓厚的兴趣。

"班级优化大师"是一款课堂管理工具。在教学中，教师利用"班级优化大师"针对学生课堂中的表现，采用激励式评价方式，激发学生学习的动力，提高学生的学习热情，增强学生的成功感，让他们主动学习知识，同时激励他们更全面和谐地成长学习，并把评价结果利用软件生成数据积累起来，形成学生学习过程的发展性评价。

教师可以在软件中创建班级，导入学生，学生根据自己的爱好设定头像，教师再根据自己班级的情况及特点自主设定评价的内容，增加加分项和减分项，这样通过加减分来捕捉课堂中学生的闪光点。学生通过积极表现，达到加分。随着分数的不断增加，头像上的星星从一颗升级到四颗，再从星星升级到太阳……

针对学业评价，教师设定了如下内容：加分项"自习安静最认真""课前准备有条理""积极发言声音亮""积极动脑勤思考""课堂表现进步奖""课堂活跃认真听""课堂测验百分奖""小组合作完成任务""书写工整""作业正确我最棒""作业进步奖""坚持阅读勤积累""背诵经典《三字经》"等。减分项"自习时间不珍惜""课前准备不充分""课中溜号不勤奋""作业忘带不认真""作业书写需加强""阅读习惯早养成""经典诵读需努力""作业没改错哟"等。教师根据评价的比重，设定不同的分值，这样既调动了学生课堂的积极性，也把学生学习的过程通过数据记录下来，做到对学生学习过程的评价。

对学生的评价结果会呈现在"班级优化大师"的"班级报表"中，整个班级，一周、一个月，甚至一年的数据都会积累起来，形成数据报表。针对每一个学生，"班级优化大师"也会自动生成学生成长手册，帮助学生找到问题。教师可以通过网页端、电脑端、手机端及时邀请家长加入，随时随地查看学生的课堂表现，对数据进行分析。

这样，教师通过评价学生的学习态度，促进学生良好习惯的养成；评价学生的学习过程，指导学生学会学习方法；评价学生的学习结果，培养学生建立自信。

【样例评析】

这是一位班主任老师，他把传统的小红花式的评价加上了信息技术，注重学生学习过程的评价，描绘学生真实的学习过程，把学生平时的表现通过数据记录下来，是一种动态的、发展的评价，对学生的每一个成长过程中的表现及进步进行全面的评价。这种多元性的评价使学生自己、学生家长、管理者以及同学之间都可以作为评价的主体，在评价中让学生找出差距，获得进步。同时，这位老师在评价中的语言准确、合理，富有鼓励性，这样既调动了学生的积极性，增强了学生的自信心，而且使学生处于兴奋、主动、积极的学习状态，充分激发了学生的内动力。

电子档案袋是记录学生成长过程的有效方法。档案袋中可以记录学生的学习过程、学习成绩及重要的事件，同时师生、家长可以共同参与，注重数据积累和大数据分析。通过这个样例我们看到了，档案袋评价的重点不是怎么使用软件，而是信息技术支撑的评价方案的设计。

工具索引

学生的档案袋制作方式有很多，按照制作的方式可以分为几种，分别是用 Excel、Word、电子笔记类、学习空间类和综合类。

表 3　制作档案袋方式的比较

笔记类型	方便记录程度	方便查询程度	媒体综合程度	推荐指数
Excel	一般	方便	低	＊＊＊
Word	一般	一般	一般	＊＊
电子笔记类	方便	方便	一般	＊＊＊
学习空间类	方便	方便	高	＊＊＊＊＊
综合类	一般	方便	高	＊＊＊＊＊

1. Excel

采用 Excel 电子表格制作的优势在于表格形式记录条理清晰，可以按照时间线顺序记录多条成长内容。在 Excel 的工作簿中建立多个工作表，每一个工作表可以记录不同的档案内容，比如一张表格可以记录成绩，另一张表格记录各项活动，另一张表格记录表彰等。在每一个工作表中可以按时间顺序逐条记录相关内容，比如在成绩栏中可以记录每次测验、月考或期中、期末考试的相关成绩内容及考试的相关问题，方便日后进行查漏补缺。也可以用一张表格专门记录教师对学生的表扬或批评，通过这张表格，学生就可以了解自己的优点及缺点，进而能够更好地扬长避短。

2. Word

制作电子档案袋也可以使用 Word 之类的文本编辑工具，使用 Word 制作电子档案袋，档案袋可以在文档中插入图片、图形，尤其是记录学生参与班级的活动或获得奖励时，可将活动的照片及奖励证书的图片插入记录当中，这样使记录更加丰富多彩。使用 Word 之类文本编辑软件制作档案袋，条理没有 Excel 制作得那么清楚，但也有更加美观漂亮、内容丰富的优点，制作时可按照时间顺序——一段时间制作一个文档，这样便于保存，便于查找和检索相关内容。

3. 电子笔记类

电子档案袋还可以采用电子笔记类软件进行记录，比如有道云笔记、印象笔记等都可作为档案记录的有效工具。记录时既可以按时间条目进行记录，也可以按类别进行记录，根据自己的习惯进行选择。但要注意无论用什么方法进行记录，一定要便于查找，便于归类整理。只有条理清楚的电子档案才能发挥它应有的效益。

4. 学习空间类

我们也可以将学生的学习空间作为学生电子档案记录的媒介。学生的学习空间本身就是一个用于记录学生学习过程和生活过程的载体。在学习空间中，学生可以记录日常学习的相关内容并分享自己的学习心得。学生在学习空间中可以分享的内容极其丰富，可以是文字，可以是图片，还可以是视频。学习空间中记录的内容本身就是按时间顺序进行排列的，这种形式便于学生日后对相关内容的查找和整理。对于一个学生来说，学习空间是保存时间最长的一种电子档案，学习空间可以记录学生从小学到高中各阶段的学习过程，可以记录学生各个方面的相关内容。

5. 综合类

还有一种制作电子档案袋的方式，这种方式就是综合应用各种媒体，以超链接的方式进行制作。在制作时以一个文档作为主文档，这个主文档既可以是 Word 文档，也可以是 Excel 文档，甚至可以是 PPT 文档。主文档中记录主要事件及活动的相关内容，然后再以超链接的形式链接其他文件，和这个活动有关的所有文件都可以采用这种形式进行链接，比如一个活动的图片、视频及取得成绩的奖状照片等都可以采用超链接的形式链接到主文档。这样文档的内容更加简洁、明了，而且可以在电子档案中表现更多的内容。这种形式与网页形式相类似，但与网页不同的是，它可以不必再把相关的文件制作到网页中，而是直接采用超链接的方式打开，更加方便制作。

教师如果想要做好学生成长档案袋的记录，必须在平时注意学生成长性数据的积累，这些数据的积累可以使用班级优化大师进行收集整理，在日常的教学中可以在课堂中随时对学生的表现进行点评。教师也可以利用班级优化大师对学生一段时间以来的表现进行统计汇总，生成可视化的图表，利用AI智能生成智能评语。对学生日常行为的记录，除了班级优化大师这类的班级管理类软件以外，如果教师经常使用在线考试，在线测试的相关软件就可以在记录学生档案时，将这些数据导入档案袋中，方便教师使用。在线考试可以使用问卷星、爱作业等平台，也可以使用人人通或教育资源平台的作业功能，这些平台一般还有题库供教师选择。

教师无论使用什么手段作为电子档案袋的载体，记录时一定要有条理和逻辑性，要方便查找和归类，方便日后对各种记录进行汇总和查找，只有方便查找和汇总、分类的档案袋才是有利用价值的档案袋。

参考文献

［1］詹泽慧，李晓华. 混合学习：定义、策略、现状与发展趋势：与美国印第安纳大学柯蒂斯·邦克教授的对话［J］. 中国电化教育，2009（12）：1－5.

［2］何克抗. 从 Blending Learning 看教育技术理论的新发展（上）［J］. 电化教育研究，2004（03）：1－6.

［3］朱思泓. 历史翻转课堂教学设计初探——以《抗日战争》一课为例［J］. 中学历史教学，2015（9）：21－25.

［4］罗海飞. 小组合作探究模式在高中地理教学中的应用探索［J］. 才智，2020（16）：187.

［5］许立新. 主题探究模式在初中信息技术教学中的实践应用分析［J］. 考试周刊，2020（44）：15－16.

［6］孙婷. 小组合作探究模式下的"自然灾害"教学过程设计［J］. 地理教学，2017（06）：34－36.

［7］吴嘉玲. 主题探究模式在初中信息技术教学中的应用分析［J］. 考试周刊，2020（08）：21－22.

［8］陈莹. 合作探究模式在初中道德与法治课堂中的应用［J］. 家长，2020（09）：36－38.

[9] 刘瑞鹏. 浅谈初中数学的自主探究模式 [J]. 新课程（中学版），2019 (08)：145.

[10] 康开艳，杨永刚. 信息技术对促进民族地区基础教育公平的意义 [J]. 黑河学刊，2012 (10)：43—44.

[11] 陈永堂. 信息技术在城乡基础教育应用中的均衡化研究：以宁夏卫忠市为例 [J]. 和田师范专科学校学报，2018，37 (2)：41—44.

[12] 汤杰. 中职专业课教师学情分析研究 [D]. 上海：华东师范大学，2020.

[13] 时晓玲. 学情分析的误区及其对策研究 [J]. 教师教育研究，2013，25 (02)：67—71.

[14] 马文杰，鲍建生. "学情分析"：功能、内容和方法 [J]. 教育科学研究，2013 (09)：52—57.

[15] 周卫勇. 走向发展性课程评价 [M]. 北京：北京大学出版社，2002.

[16] 胡中锋，李群. 学生档案袋评价之反思 [J]. 课程·教材·教法，2006 (10)：34—40.

[17] 黄光扬. 正确认识和科学使用档案袋评价方法 [J]. 课程·教材·教法，2003 (02)：50—55.

[18] 冉国锋. 初中物理实验教学中高效探究模式的探讨 [J]. 新课程（教师版）. 2019 (11)：18.

[19] 张红英，陈明选，马志强，闫雪静. 基于自评与互评的网络协作学习贡献度评价 [J]. 现代远程教育研究，2019 (02)：95—102.

[20] 郭宝仙. 开展契约学习 提高自主学习能力 [J]. 中国教育学刊，2006 (01)：54—57.

[21] 马婧. 混合教学环境下大学生学习投入影响机制研究：教学行为的

视角 [J]. 中国远程教育，2020（02）：57—67.

　　[22] 杨思耕. 契约学习的理念与实施 [J]. 现代教学，2005（3）：4—7.

　　[23] 张颖之，李秀菊，刘恩山. 评价量规：主动学习的评价工具 [J]. 生物学通报，2007（03）：40—42.

　　[24] 闫寒冰，李志颖. 网上课程中的学生自评与互评方法 [J]. 中国电化教育，2002（07）：64—67.